RECUEIL
DES LOIS

DÉCRETS, ORDONNANCES

AVIS DU CONSEIL D'ÉTAT, ARRÊTÉS, RÈGLEMENTS ET CIRCULAIRES

concernant

LES ISRAÉLITES

Depuis 1850

Précédé de l'Ordonnance royale du 25 mai 1844

Par Isaac UHRY
Secrétaire du Consistoire Israélite de Bordeaux

SUIVI D'UN APPENDICE

CONTENANT :

1° UNE NOTICE HISTORIQUE SUR LES ISRAÉLITES DE L'ALGÉRIE

Par Ab. CAHEN
Grand Rabbin

2° DIVERSES NOTES RELATIVES A L'ÉMANCIPATION DES ISRAÉLITES ALGÉRIENS

NOTA. — Ce Recueil fait suite à celui publié en 1851 par M. Achille-Edmond Halphen

DEUXIÈME ÉDITION

BORDEAUX

IMPRIMERIE GÉNÉRALE É. CRUGY, Vᵉ RIFFAUD, SUCCESSEUR
rue et hôtel Saint-Siméon, 16

1887

AVERTISSEMENT

DE LA PREMIÈRE ÉDITION

Le Recueil des Lois publié par M. Achille-Edmond Halphen s'arrêtant à 1850, et de nombreux Décrets ayant, depuis cette époque, profondément modifié la législation antérieure, nous avons cru rendre un service à nos Administrations en continuant le travail si bien commencé par M. Halphen. L'empressement que les Consistoires de France et d'Algérie ont mis à souscrire à cette publication nous prouve que nous ne nous sommes pas trompé. Qu'ils reçoivent nos meilleurs remerciements pour le bienveillant concours qu'ils ont bien voulu nous donner.

Depuis la perte de nos chères provinces de l'Est et l'assimilation des israélites algériens à ceux de la métropole, grâce au Décret du 24 octobre 1870, l'Algérie israélite attire de plus en plus les regards de tous ceux qui s'intéressent au développement du judaïsme français ; aussi avons-nous accueilli avec plaisir, pour lui donner place dans notre Recueil, une « *Notice historique sur les Israélites de l'Algérie* » de notre excellent ami M. Ab. Cahen, le savant Grand Rabbin d'Alger, si compétent en cette matière.

Nous avons, pour le même motif, donné une large place à ce qui a été fait, notamment par le Consistoire central, pour hâter l'émancipation de nos coreligionnaires algériens, et pour maintenir le Décret de Tours, qui avait enfin couronné de succès les efforts et les démarches du Consistoire central, des Consistoires algériens, de notre illustre coreligionnaire M. Crémieux et de tous les défenseurs de cette noble et juste cause.

Nous nous faisons un devoir de remercier tout particulièrement M. J. Lévy, secrétaire du Consistoire central.

qui a bien voulu nous communiquer un grand nombre des documents que nous publions.

Nous avons donné à notre Recueil le même format que celui de M. Halphen, afin que nos Administrations puissent les réunir en un seul volume, et avoir ainsi sous la main un Code complet de la législation concernant les Israélites de France et d'Algérie.

Bordeaux, le 31 mai 1878.

AVERTISSEMENT
DE LA DEUXIÈME ÉDITION

Grâce au bienveillant concours de M. Zadoc Kahn, Grand Rabbin de Paris, de M. le baron Alphonse de Rothschild, du Consistoire central, des Consistoires de France et d'Algérie, nous pouvons publier aujourd'hui une deuxième édition de notre *Recueil des Lois*, augmentée des documents officiels concernant le culte israélite parus depuis 1878.

L'Ordonnance royale du 25 mai 1844 étant très fréquemment visée dans les Décrets ultérieurs, nous avons jugé utile de la placer en tête de notre Recueil, afin de faciliter les recherches.

Nous nous faisons un devoir de remercier bien sincèrement tous nos honorables souscripteurs des témoignages de sympathie qu'ils ont bien voulu nous donner.

Nous remercions tout particulièrement notre ami M. Ab. Cahen, secrétaire du Consistoire central, qui nous a facilité avec tant de bonne grâce la publication de cette deuxième édition.

Le Secrétaire du Consistoire israélite de Bordeaux,

I. UHRY.

Bordeaux, 1887.

ORDONNANCE DE 1844

ORDONNANCE *du roi portant règlement pour l'organisation du culte israélite, du 25 mai 1844.*

Louis-Philippe, roi des Français,

A tous présents et à venir, salut.

Sur le rapport de notre Garde des sceaux, Ministre Secrétaire d'État au département de la justice et des cultes ;

Vu les Décrets des 17 mars et 11 décembre 1808, et le Règlement du 10 décembre 1806, y annexé ;

Vu les Ordonnances royales des 29 juin 1819, 20 août 1823, 6 août 1831, 19 juillet et 31 décembre 1841 ;

Vu le Règlement du 15 octobre 1832 ;

Vu la loi du 8 février 1831 ;

Vu la lettre du Consistoire central des israélites à notre Garde des sceaux, Ministre de la justice et des cultes, en date du 10 mars 1842, et le projet du nouveau Règlement y annexé ;

Vu la lettre du 27 mars 1844, par laquelle notre Garde des sceaux, Ministre de la justice et des cultes, a communiqué, tant au Consistoire central qu'aux Consistoires départementaux, une nouvelle rédaction dudit projet de Règlement ;

Vu les observations présentées sur ce dernier projet par le Consistoire central et par les Consistoires départementaux de Paris, Metz, Nancy, Colmar, Marseille, Bordeaux et Strasbourg ;

Notre Conseil d'État entendu,

Nous avons ordonné et ordonnons ce qui suit :

Organisation générale du culte israélite.

Art. 1er. — Le culte israélite a un Consistoire central, des Consistoires départementaux, des Grands Rabbins, des Rabbins communaux et des ministres officiants.

TITRE Iᵉʳ

Des Consistoires.

Art. 2. — Le Consistoire central siège à Paris.

Art. 3. — Il est établi un Consistoire dans chaque département renfermant 2,000 âmes de population israélite.

S'il ne se trouve pas 2,000 israélites dans le même département, la circonscription du Consistoire s'étend de proche en proche sur autant de départements qu'il en faut pour que ce nombre soit atteint.

Dans aucun cas, il ne peut y avoir plus d'un Consistoire par département.

Art. 4. — Les Consistoires actuellement existants, leur siège et leur circonscription, tels qu'ils sont fixés par le Décret du 11 décembre 1808, sont maintenus.

Dans le cas où il y aura lieu de former un ou plusieurs Consistoires nouveaux, l'Ordonnance royale qui en prononcera la création désignera en même temps la ville où ils seront établis.

§ 1ᵉʳ. — Du Consistoire central.

Art. 5. — Le Consistoire central se compose d'un Grand Rabbin et d'autant de membres laïques qu'il y a de Consistoires départementaux.

Art. 6. — Les membres laïques du Consistoire central sont élus par les notables des circonscriptions consistoriales.

Ils sont choisis parmi les notables résidant à Paris.

Art. 7. — Le Grand Rabbin du Consistoire central est nommé suivant les formes prescrites par les articles 40 et suivants.

Sa nomination est soumise à notre approbation.

Art. 8. — La durée des fonctions des membres laïques est de huit ans. Ils sont divisés en deux séries se renouvelant alternativement de quatre en quatre années. Les membres sortants sont rééligibles.

Art. 9. — Le Consistoire central nomme son Président et son Vice-président pour quatre ans.

Art. 10. — Le Consistoire central est l'intermédiaire entre le Ministre des cultes et les Consistoires départementaux. Il est chargé de la haute surveillance des intérêts du culte israélite.

Il approuve les Règlements relatifs à l'exercice du culte dans les temples.

Aucun ouvrage d'instruction religieuse ne peut être employé dans les écoles israélites, s'il n'a été approuvé par le Consistoire central, sur l'avis conforme de son Grand Rabbin.

Art. 11. — Le Consistoire central a le droit de censure à l'égard des membres laïques des Consistoires départementaux.

Il peut provoquer, pour des causes graves, auprès de notre Ministre des cultes, la révocation de ces membres, et même la dissolution d'un Consistoire départemental.

Art. 12. — Le Consistoire central délivre seul les diplômes de second degré pour l'exercice des fonctions rabbiniques, sur le vu des certificats d'aptitude obtenus conformément au Règlement du 15 octobre 1832.

Il donne son avis sur la nomination des Rabbins départementaux et communaux.

Il peut, sur la proposition du Consistoire départemental, et avec l'approbation de notre Ministre des cultes, ordonner le changement de résidence des Rabbins communaux dans le ressort du Consistoire.

Le Consistoire central a le droit de censure à l'égard des Grands Rabbins consistoriaux, mais seulement sur la plainte de leurs Consistoires respectifs. Il peut provoquer auprès de notre Ministre des cultes leur suspension ou leur révocation, suivant les cas.

Il a directement, après avoir pris l'avis du Consistoire et du Grand Rabbin, le droit de censure à l'égard des Rabbins communaux.

Il peut prononcer leur suspension pour un an au plus.

Il prononce leur révocation, sauf la confirmation de notre Ministre des cultes.

Il statue sur la révocation des ministres officiants, proposée par les Consistoires départementaux.

Art. 13. — Le Consistoire central peut être dissous par Ordonnance royale.

Dans ce cas, l'administration du culte israélite est déléguée, jusqu'à l'installation d'un nouveau Consistoire, à une Commission composée du Grand Rabbin et de quatre notables désignés par notre Ministre des cultes.

§ 2. — Des Consistoires départementaux.

Art. 14. — Chaque Consistoire départemental se compose du Grand Rabbin de la circonscription et de quatre membres laïques, dont deux au moins sont choisis parmi les habitants de la ville où siège le Consistoire.

Art. 15. — Le Grand Rabbin et les membres laïques sont élus par l'Assemblée des notables de la circonscription.

Art. 16. — Les membres laïques sont choisis parmi les notables de la circonscription.

Art. 17. — La durée des fonctions des membres laïques est de quatre ans.

Leur renouvellement a lieu par moitié tous les deux ans.

Les membres sortants peuvent être réélus.

Art. 18. — Le Consistoire nomme son Président et son Vice-président pour deux années.

Art. 19. — Le Consistoire a l'administration et la police des temples de sa circonscription et des établissements et associations pieuses qui s'y rattachent.

Il délivre les diplômes de premier degré pour l'exercice des fonctions rabbiniques, sur le vu des certificats énoncés en l'article 12.

Il représente en justice les synagogues de son ressort, et exerce en leur nom les droits qui leur appartiennent, sous la réserve portée en l'article 64.

Il nomme les Commissions destinées à procéder à l'élection des Rabbins communaux et des ministres officiants, ainsi qu'il est réglé par les articles 48 et 51.

Il donne au Consistoire central son avis sur ces élections.

Il nomme le *mohel* et le *schohet* pour le chef-lieu consistorial, sur l'avis du Grand Rabbin, et pour les autres communes, sur le certificat du Rabbin du ressort, confirmé par le Grand Rabbin.

Ces nominations sont révocables par le Consistoire, sur l'avis du Grand Rabbin.

Art. 20. — Le Consistoire a le droit de suspension à l'égard des ministres officiants, après avoir pris l'avis du Commissaire administrateur ou de la Commission administrative ci-après instituée.

Il propose, quand il y a lieu, leur révocation au Consistoire central.

Il adresse au Consistoire central les plaintes qu'il peut avoir à former, tant contre le Grand Rabbin que contre les Rabbins de sa circonscription.

Il fait, sous l'approbation du Consistoire central, les Règlements concernant les cérémonies religieuses relatives aux inhumations et à l'exercice du culte dans tous les temples de son ressort.

Il est chargé de veiller : 1° à ce qu'il ne soit donné aucune instruction ou explication de la loi qui ne soit conforme aux réponses de l'Assemblée générale des israélites, converties en décisions doctrinales par le grand sanhédrin ; 2° à ce qu'il ne se forme, sans autorisation, aucune assemblée de prières.

Art. 21. — Le Consistoire institue, par délégation, auprès de chaque temple, et selon les besoins, soit un Commissaire administrateur, soit une Commission administrative, agissant sous sa direction et sous son autorité.

Le Commissaire ou la Commission rend compte annuellement de sa gestion au Consistoire départemental.

Art. 22. — Chaque année, le Consistoire adresse au préfet un rapport sur la situation morale des établissements de charité, de bienfaisance ou de religion spécialement destinés aux israélites.

Art. 23. — Les Consistoires départementaux peuvent être dissous par arrêté de notre Ministre des cultes.

Dans ce cas, l'administration des affaires de la circonscription est déléguée, jusqu'à l'installation d'un nouveau Consistoire, à une Commission composée du Grand Rabbin consistorial et de quatre notables désignés par le Consistoire central.

§ 3. — Dispositions communes au Consistoire central et aux Cons'sto'res départementaux.

Art. 24. — La nomination des membres laïques des Consistoires est soumise à notre agrément.

L'époque de leur entrée en fonctions est fixée au 1er janvier.

Le père, le fils ou les petits-fils, le beau-père, les gendres et les frères ou beaux-frères, ne peuvent être ensemble membres d'un Consistoire.

Pour le premier renouvellement, la série des membres sortants est désignée par la voie du sort.

Les Présidents et Vice-présidents sont rééligibles.

En cas de dissolution d'un Consistoire, il est procédé à de nouvelles élections dans les trois mois.

§ 4. — Des notables.

Art. 25. — Il y a, pour chaque circonscription consistoriale, un corps de notables chargé d'élire : 1° le Grand Rabbin consistorial ; 2° les membres laïques du Consistoire départemental ; 3° un membre laïque du Consistoire central ; 4° deux délégués pour l'élection du Grand Rabbin du Consistoire central, ainsi qu'il est dit en l'article 42.

Art. 26. — Font partie du corps des notables les israélites âgés de vingt-cinq ans accomplis, et qui appartiennent à l'une des catégories suivantes :

1° Les fonctionnaires publics de l'ordre administratif ;

2° Les fonctionnaires de l'ordre judiciaire ;

3° Les membres des Conseils généraux, des Conseils d'arrondissement et des Conseils municipaux ;

4° Les citoyens inscrits sur la liste électorale et du jury ;

5° Les officiers de terre et de mer, en activité et en retraite ;

6° Les membres des Chambres de commerce et ceux qui font partie de la liste des notables commerçants ;

7° Les Grands Rabbins et les Rabbins communaux ;

8° Les professeurs dans les Facultés et dans les Collèges royaux et communaux ;

9° Le directeur et les professeurs de l'École centrale rabbinique.

Art. 27. — A cette liste pourront être adjoints, par notre Ministre des cultes, sur la proposition du Consistoire central et les avis du Consistoire départemental et du préfet, et ce, jusqu'à concurrence du sixième de la liste totale, les israélites qui ne seraient pas compris dans ces catégories, et qui, par leurs services, se seraient rendus dignes de cette distinction.

Art. 28. — Nul ne fera partie de la liste des notables s'il n'a la qualité de Français, s'il a subi une condamnation criminelle ou une des condamnations correctionnelles portées aux ar-

ticles 401, 405 et 408 du Code pénal, s'il est failli non réhabi-
lité, et s'il n'est depuis deux ans au moins domicilié dans la
circonscription consistoriale.

Art. 29. — Les listes seront dressées par les Consistoires ;
elles demeureront exposées, à partir du 1er mars de chaque
année, et pendant deux mois, au parvis du temple du chef-
lieu consistorial.

Pendant ce délai, toutes réclamations seront admises ; il y
sera statué par le préfet, sur l'avis du Consistoire, sauf recours
à notre Ministre des cultes par la voie administrative. Le Ministre prononcera définitivement, sur l'avis du Consistoire
central.

Les listes arrêtées par le préfet serviront pour un an.

Art. 30. — Chaque année, les Consistoires feront les additions et radiations nécessaires, conformément aux dispositions
de l'article précédent, de façon que la liste définitive soit publiée
dans le temple du chef-lieu consistorial au 1er juillet de chaque
année.

§ 5. — Des Assemblées des notables et de l'Élection des membres du Consistoire

Art. 31. — L'Assemblée des notables est convoquée par le
Consistoire départemental, sur l'autorisation du préfet du département, pour procéder aux élections mentionnées en l'article 25.

Art. 32. — Les élections ont lieu à la majorité absolue des
membres présents.

Le nombre des membres présents au vote doit être de la
moitié au moins de la liste totale.

Si ce nombre n'est pas atteint, une seconde réunion est convoquée, et l'élection est valable, quel que soit alors le nombre
des votants.

Art. 33. — Le Bureau se compose des membres du Consistoire départemental.

Art. 34. — Le Bureau prononce sur les difficultés qui s'élè-
vent touchant les opérations. En cas de partage, la voix du
Président est prépondérante.

Les réclamations contre la décision du Bureau ne sont pas
suspensives. Elles sont portées, par la voie administrative,
devant notre Ministre des cultes, qui prononce définitivement.

Art. 35. — Le procès-verbal, signé des membres du Bureau, fait mention de toutes les opérations et des incidents survenus. Il est dressé en double expédition, dont l'une est transmise au préfet, et l'autre au Consistoire central.

Art. 36. — L'installation des membres laïques du Consistoire central et des Consistoires départementaux est faite par le préfet, qui reçoit, de la part de chaque membre, le serment prescrit par la loi du 31 août 1830.

Le serment est prononcé en levant la main, sans autre formalité.

Art. 37. — Si le Consistoire se refusait à l'accomplissement des obligations qui lui sont imposées par la présente section, il y serait pourvu par le préfet.

TITRE II

Des ministres du culte.

§ 1er. — Du Grand Rabbin du Consistoire central.

Art. 38. — Le Grand Rabbin a droit de surveillance et d'admonition à l'égard de tous les ministres du culte israélite.

Il a droit d'officier et de prêcher dans toutes les synagogues de France.

Aucune délibération ne peut être prise par le Consistoire central, concernant les objets religieux ou du culte, sans l'approbation du Grand Rabbin.

Néanmoins, en cas de dissentiment entre le Consistoire central et son Grand Rabbin, le Grand Rabbin du Consistoire de Paris est consulté.

Si les deux Rabbins diffèrent d'avis, le plus ancien de nomination des Grands Rabbins consistoriaux est appelé à les départager.

Art. 39. — Le Grand Rabbin est nommé à vie.

Nul ne peut être Grand Rabbin s'il n'est âgé de quarante ans accomplis, muni d'un diplôme de second degré rabbinique, délivré conformément au Règlement du 15 octobre 1832, et s'il n'a rempli pendant dix ans au moins les fonctions de Rabbin communal, ou pendant cinq ans celles de Grand Rabbin consistorial ou de professeur à l'École centrale rabbinique. Néanmoins, ces deux dernières conditions ne seront exigibles qu'à partir de 1850.

Art. 40. — En cas de décès ou de démission du Grand Rabbin, les Assemblées de notables de toutes les circonscriptions nomment, à l'époque fixée par le Consistoire central, chacune deux délégués pour procéder, conjointement avec les membres du Consistoire central, à l'élection du Grand Rabbin.

Art. 41. — Les délégués sont choisis parmi les notables de la circonscription ou parmi ceux du collège de Paris.

Si plusieurs collèges choisissent à Paris le même délégué, le Consistoire central tire au sort la circonscription dont le membre élu sera le représentant. Les autres ont à nommer un nouveau délégué.

Art. 42. — La présidence de l'Assemblée des délégués et des membres du Consistoire central, réunis pour procéder à l'élection, appartient au Président du Consistoire central.

Le plus jeune des membres remplit les fonctions de Secrétaire.

L'élection a lieu à la majorité absolue des voix et au scrutin secret. Elle n'est valable qu'autant que quinze membres au moins y ont concouru.

Le procès-verbal de l'élection est transmis à notre Ministre des cultes par le Consistoire central.

§ 2. — Des Grands Rabbins des Consistoires départementaux.

Art. 43. — Les Grands Rabbins des Consistoires départementaux ont droit de surveillance sur les Rabbins et sur les ministres officiants de leur circonscription.

Ils ont droit d'officier et de prêcher dans tous les temples de leur circonscription.

Art. 44. — Nul ne peut être Grand Rabbin consistorial s'il n'est âgé de trente ans, et s'il n'est porteur d'un diplôme de second degré rabbinique.

Art. 45. — Les Grands Rabbins des Consistoires départementaux sont élus : 1° parmi ceux des Grands Rabbins des autres circonscriptions qui se font inscrire au siège du Consistoire; 2° parmi les Rabbins en fonctions sortis de l'École centrale rabbinique; 3° parmi les Rabbins ayant cinq ans d'exercice, quand ils ne sont pas élèves de cette école, et parmi les professeurs de la même école. Leur nomination est soumise à notre approbation.

§ 3. — Des Rabbins communaux.

Art. 46. — Les Rabbins officient et prêchent dans les temples de leur ressort.

Art. 47. — Nul ne peut être Rabbin s'il n'est âgé de vingt-cinq ans accomplis et porteur d'un diplôme du premier degré rabbinique.

Art. 48. — Les Rabbins sont élus par une Assemblée de notables désignés par le Consistoire départemental et choisis de préférence parmi les notables du ressort.

Le Commissaire administrateur ou le Président de la Commission administrative préside cette Assemblée.

Le Consistoire règle, suivant l'importance du ressort à desservir, le nombre des membres qui la composent, lequel, en aucun cas, ne peut être au-dessous de cinq.

Le Consistoire départemental transmet le procès-verbal de l'élection, avec les pièces à l'appui, au Consistoire central. La nomination est soumise à l'approbation de notre Ministre des cultes.

Art. 49. — Les Rabbins sont choisis parmi les élèves de l'École centrale rabbinique pourvus du diplôme exigé.

Si l'école ne fournit pas un nombre de candidats suffisant, tout israélite remplissant les conditions prescrites par l'article 47 ci-dessus peut être admis comme candidat.

§ 4. — Des Ministres officiants.

Art. 50. — Nul ne peut être ministre officiant s'il n'est âgé de vingt-cinq ans, et s'il ne produit un certificat du Grand Rabbin de la circonscription, attestant qu'il possède les connaissances religieuses suffisantes.

Le Consistoire central déterminera la forme de ces certificats.

Art. 51. — Les ministres officiants sont élus dans la forme déterminée par l'article 48.

Leur élection est confirmée par le Consistoire central.

Le Consistoire départemental nomme directement le ministre officiant du chef-lieu consistorial.

Le Consistoire central envoie à notre Ministre des cultes l'avis des nominations faites et approuvées; il indique les justifications produites par les nouveaux titulaires.

§ 5. — Du *Mohel* et du *Schohet*.

Art. 52. — Nul ne peut exercer les fonctions de mohel et de schohet s'il n'est pourvu d'une autorisation spéciale du Consistoire de la circonscription.

Le mohel et le schohet sont soumis, dans l'exercice de leurs fonctions, aux Règlements émanés du Consistoire départemental et approuvés par le Consistoire central.

§ 6. — Dispositions communes aux divers ministres du culte israélite.

Art. 53. — Le Grand Rabbin consistorial et les Rabbins ne peuvent célébrer les mariages que dans l'étendue de leur ressort.

Ils ne peuvent donner la bénédiction nuptiale qu'à ceux qui justifient avoir contracté mariage devant l'officier de l'état civil.

La bénédiction nuptiale n'est donnée que dans l'intérieur du temple, sauf le cas d'autorisation spéciale accordée par le Consistoire départemental.

Les ministres du culte assisteront aux inhumations, suivant ce qui aura été réglé par le Consistoire départemental, en vertu du paragraphe 4 de l'article 20 ci-dessus.

Art. 54. — Aucune Assemblée délibérante ne pourra être formée, aucune décision doctrinale ou dogmatique ne pourra être publiée ou devenir la matière de l'enseignement sans une autorisation expresse du Gouvernement.

Art. 55. — Toutes entreprises des ministres du culte israélite, toutes discussions qui pourront s'élever entre ces ministres, toute atteinte à l'exercice du culte et à la liberté garantie à ces ministres, nous seront déférées en notre Conseil d'État, sur le rapport de notre Ministre des cultes, pour être par nous statué ce qu'il appartiendra.

Art. 56. — Nul ministre du culte israélite ne peut donner aucune instruction ou explication de la loi qui ne soit conforme aux décisions du grand sanhédrin ou aux décisions des Assemblées synodales qui seraient par nous ultérieurement autorisées.

Les Rabbins ont, sous l'autorité des Consistoires, la surveillance et la direction de l'instruction religieuse dans les écoles israélites.

Art. 57. — Nul ne peut être nommé Grand Rabbin, Rabbin communal, ministre officiant, s'il n'est Français.

Des dispenses d'âge peuvent être accordées aux Grands Rabbins, aux Rabbins communaux et aux ministres officiants, par notre Ministre des cultes, sur la proposition du Consistoire central.

Les fonctions de Rabbin sont incompatibles avec toute profession industrielle ou commerciale.

Art. 58. — Avant leur installation, les Grands Rabbins et les Rabbins prêtent, entre les mains du préfet ou de son délégué, le serment prescrit par la loi du 31 août 1830. Le serment du Grand Rabbin du Consistoire central est prêté entre les mains de notre Ministre des cultes.

Art. 59. — Il est procédé, selon les instructions du Consistoire de chaque circonscription, à l'installation des Rabbins et des ministres officiants.

Procès-verbal de cette installation est transmis, en double expédition, par le Consistoire départemental au Consistoire central et au préfet du département où réside le nouveau titulaire.

TITRE III

Des Circonscriptions rabbiniques et des Temples.

Art. 60. — Il ne peut être établi aucune nouvelle circonscription rabbinique, ni être fait aucune modification aux circonscriptions rabbiniques actuellement existantes, qu'en vertu de notre autorisation, donnée sur le rapport de notre Ministre des cultes, et sur l'avis du Consistoire central, des communes intéressées et du préfet du département.

Art. 61. — Dans la ville chef-lieu du Consistoire départemental, il peut être adjoint au Grand Rabbin un ou plusieurs Rabbins communaux, selon les besoins de la population.

Il est statué à cet égard par Ordonnance royale.

Art. 62. — Il ne peut être créé de titre de ministre officiant à la charge de l'État que par un arrêté de notre Ministre des cultes, sur la demande du Consistoire départemental et l'avis du Consistoire central et du préfet.

Art. 63. — Tout chef de famille peut, en rapportant l'avis favorable du Consistoire départemental, obtenir l'autorisation d'ouvrir un oratoire chez lui et à ses frais.

Cette autorisation sera donnée par nous, sur le rapport de notre Ministre des cultes.

TITRE IV

Dispositions diverses.

Art. 64. — Les Consistoires israélites ne peuvent, sans autorisation préalable, intenter une action en justice ou y défendre, accepter des donations et legs, en faire l'emploi, vendre ou acheter.

Art. 65. — Aussitôt après la formation et la clôture de la liste générale des notables dans chaque circonscription consistoriale, il sera procédé au renouvellement intégral des membres laïques du Consistoire central et des Consistoires départementaux.

Les membres nouvellement élus entreront en fonctions immédiatement après que leur élection aura été confirmée par nous.

Néanmoins, pour le renouvellement périodique, leur entrée en fonctions ne comptera que du 1er janvier qui suivra leur installation.

Art. 66. — Continueront à être observés, dans toutes les dispositions qui ne sont pas contraires à la présente Ordonnance, les Décrets des 17 mars et 11 décembre 1808, les Ordonnances royales des 29 juin 1819, 20 août 1823, 6 août 1831, 19 juillet et 31 décembre 1841.

Art. 67. — Notre Garde des sceaux, Ministre de la justice et des cultes, est chargé de l'exécution de la présente Ordonnance, qui sera insérée au *Bulletin des Lois*.

Au Palais de Neuilly, le 25 mai 1844.

Signé LOUIS-PHILIPPE.

RECUEIL

DES

LOIS, DÉCRETS, ORDONNANCES

AVIS DU CONSEIL D'ÉTAT, ARRÊTÉS, RÈGLEMENTS ET CIRCULAIRES

CONCERNANT

LES ISRAÉLITES

DEPUIS 1850

———— ❖ ————

DÉCRET *du 16 octobre 1850, supprimant la place de ministre officiant près le temple israélite de Lyon et la remplaçant par un titre de rabbin communal comprenant dans sa circonscription les départements du Rhône, de l'Isère et de la Loire.*

Au nom du Peuple français,

Le Président de la République,

Sur le rapport du Ministre de l'instruction publique et des cultes ;

Vu la délibération en date du 12 novembre 1849, par laquelle le Consistoire israélite de Marseille demande que la place de ministre officiant instituée dans la ville de Lyon, et actuellement vacante, soit transformée en rabbinat communal ;

Vu la délibération du Conseil municipal de Lyon en date du 9 août 1850 ;

Vu les avis exprimés par le Consistoire central dans ses dépêches des 11 mars et 2 mai 1850 ;

Vu l'avis du préfet, en date des 9 avril et 19 septembre 1850,

Vu le tableau de la population israélite du Rhône, de l'Isère et de la Loire, désignés pour être compris dans la circonscription du nouveau rabbinat ;

1

Vu la loi du 18 juillet 1837;

Vu l'Ordonnance du 25 mai 1844;

Décrète :

Art. 1er. — La place de ministre officiant instituée dans la ville de Lyon (Rhône) est supprimée.

Elle est remplacée par un titre de rabbin communal qui comprendra dans sa circonscription les départements du Rhône, de l'Isère et de la Loire.

Art. 2. — Le traitement du Rabbin communal de Lyon sera réglé conformément aux prescriptions de l'Ordonnance du 19 octobre 1847 et les dispositions des lois de finances des 25 avril et 31 mai 1850.

Art. 3. — Le Ministre de l'instruction publique et des cultes est chargé de l'exécution du présent Décret.

Paris, le 16 octobre 1850.

Signé L.-N. BONAPARTE.

DÉCRET du 1er mai 1852, supprimant la place de ministre officiant près le temple de Toulouse et la remplaçant par un titre de rabbin communal.

LOUIS-NAPOLÉON, Président de la République française,

Sur le rapport du Ministre de l'instruction publique et des cultes ;

Vu la délibération en date du 11 août 1851, par laquelle le Consistoire israélite de Saint-Esprit demande que la place de ministre officiant de Toulouse (Haute-Garonne), actuellement vacante, soit transformée en un rabbinat communal ;

Vu l'Ordonnance du 30 mars 1838 ;

Vu la délibération du Conseil municipal de Toulouse en date du 1er avril 1852 ;

Vu l'avis du Consistoire central israélite ;

Vu l'avis du préfet de la Haute-Garonne ;

Vu le tableau de la population israélite des communes désignées pour être comprises dans le ressort du nouveau rabbinat ;

Vu la loi du 18 juillet 1837 ;

Vu l'Ordonnance du 25 mai 1844 ;

Décrète :

Art. 1er. — La place de ministre officiant actuellement

vacante à Toulouse (Haute-Garonne) est supprimée. Elle est remplacée par un titre de rabbin communal qui comprendra dans sa circonscription le département de la Haute-Garonne.

Art. 2. — Le traitement de rabbin communal de Toulouse sera réglé conformément aux prescriptions de l'Ordonnance du 6 août 1831, combinées avec l'Ordonnance du 19 octobre 1847 et les dispositions des lois de finances des 25 avril 1849 et 31 mai 1850.

Art. 3. — Le Ministre de l'instruction publique et des cultes est chargé de l'exécution du présent Décret.

Fait au Palais des Tuileries, le 1er mai 1852.

Signé LOUIS-NAPOLÉON.

CIRCULAIRE MINISTÉRIELLE *du 4 janvier 1853, au sujet des Commissions de statistique cantonale.*

A Messieurs les Membres du Consistoire central.

Paris, le 4 janvier 1853.

Messieurs, un Décret du 1er juillet 1852 a décidé qu'il serait formé au chef-lieu de chaque canton une Commission de statistique permanente, dont les membres sont à la nomination du préfet. Dans sa circulaire du 18 septembre dernier, M. le Ministre de l'intérieur a particulièrement désigné au choix de MM. les Préfets, comme pouvant rendre à ces assemblées d'utiles services, les ministres de la religion. Justement convaincu de la nécessité de leur coopération, mon collègue me prie de recommander à tout votre intérêt cette nouvelle institution administrative.

La statistique a, vous le savez, pour objet l'étude et la constatation des faits de toute nature qui peuvent influer sur le bien-être moral et matériel des peuples. Cette science mérite donc, à tous les égards, de fixer les méditations des ecclésiastiques. Aussi plusieurs d'entre eux s'en sont-ils déjà occupés avec succès.

MM. les Ministres du culte israélite seront certainement invités à faire partie des Commissions cantonales. Leurs lumières, la connaissance qu'ils doivent avoir de l'histoire locale, les observations qu'ils sont à même de faire sur la situation de leurs circonscriptions respectives, feront naturellement rechercher leur concours. Je suis assuré, Messieurs, qu'ils répondront avec empressement à l'appel de l'Administration, et que vous prendrez part comme il vous appartient de le faire à ce grand inventaire des besoins et des ressources de la France, que le Gouvernement, dans sa sollicitude, a voulu faire dresser pour l'avenir d'une manière régulière.

Veuillez communiquer à votre Consistoire la présente instruction.

Agréez, Messieurs, l'assurance de ma considération très distinguée.

Le Ministre de l'instruction publique et des cultes,
Signé H. FORTOUL.

ARRÊTÉ MINISTÉRIEL *du 9 avril 1853, créant une place de ministre officiant à Versailles.*

Le Ministre Secrétaire d'État au département de l'instruction publique et des cultes,

Vu la demande du Consistoire israélite de la circonscription de Paris tendant à obtenir, sur les fonds de l'État, un traitement pour le ministre officiant près la synagogue israélite de Versailles;

Vu l'avis du Consistoire central et celui du préfet de Seine-et-Oise;

Vu les documents constatant que la population israélite de Versailles s'élève à 224 âmes;

Vu la loi du 8 février 1831, ensemble l'Ordonnance du 6 août même année;

Vu l'Ordonnance royale du 25 mai 1844, portant organisation du culte israélite;

Vu le budget des cultes pour l'exercice 1853;

Sur le rapport de M. le Directeur général de l'Administration des cultes;

Arrête :

Art. 1er. — Il y aura dans la ville de Versailles (Seine-et-Oise) un ministre officiant du culte israélite rétribué sur les fonds du Trésor public.

Art. 2. — Le traitement de ce ministre officiant est fixé à 700 fr.

Paris, le 9 avril 1853.

Signé H. FORTOUL.

DÉCRET du 9 juillet 1853, réglant le mode de nomination des Grands Rabbins et des Rabbins communaux.

NAPOLÉON, etc.,

Sur le rapport de notre Ministre Secrétaire d'État au département de l'instruction publique et des cultes ;

Vu l'Ordonnance du 25 mai 1844, portant règlement pour l'organisation du culte israélite ;

Vu les instructions réglementaires des 15 décembre 1849 et 24 avril 1850 ;

Vu les propositions du Consistoire central ;

Considérant qu'il y a lieu de mettre en harmonie certaines dispositions de l'Ordonnance précitée, et notamment celle concernant la nomination des Grands Rabbins des Consistoires départementaux, et de régler cette nomination suivant le système adopté pour l'élection du Grand Rabbin et du Consistoire central ;

Avons décrété et décrétons ce qui suit :

Art. 1er. — Les Grands Rabbins des Consistoires départementaux seront nommés par les membres laïques de ces Consistoires, conjointement avec une Commission de vingt-cinq notables délégués à cet effet par les électeurs consistoriaux de la circonscription dans le ressort de laquelle la place de grand rabbin est devenue vacante.

Art. 2. — Les Rabbins communaux seront nommés par les Consistoires départementaux sur une liste de mérite des élèves sortant de l'École rabbinique, ou choisis parmi les Rabbins communaux en exercice qui demanderaient à changer de résidence.

En cas de partage des voix, celle du Grand Rabbin sera prépondérante.

Art. 3. — Sont et demeurent maintenues les dispositions de l'Ordonnance du 25 mai 1844 et des Règlements postérieurs qui ne sont point contraires au présent Décret.

Art. 4. — Notre Ministre Secrétaire d'État au département de l'instruction publique et des cultes est chargé du présent Décret.

Fait au Palais de Saint-Cloud.

Paris, le 9 juillet 1853.   *Signé* NAPOLÉON.

CIRCULAIRE MINISTÉRIELLE *du* 7 *décembre* 1853, *au sujet de l'École professionnelle de Toulon.*

Paris, le 7 décembre 1853.

Monsieur le Président, j'ai reçu la lettre par laquelle le Consistoire central des Israélites de France se plaint que l'obligation de procurer un acte de baptême serait imposée indistinctement aux jeunes gens qui désirent entrer à l'École professionnelle de Toulon.

J'apprécie la gravité des observations présentées par le Consistoire, mais je crois devoir vous faire remarquer, Monsieur le Président, que l'école dont il s'agit est un établissement libre et que, comme tel, il n'est soumis qu'indirectement à l'action du Gouvernement.

Je pense, au surplus, que la disposition contre laquelle vous réclamez s'applique uniquement, dans la pensée des fondateurs, aux candidats qui professent les cultes chrétiens. On ne peut rationnellement y assigner une autre interprétation.

J'écris à M. le Recteur de l'Académie du Var pour lui faire sentir la nécessité de pourvoir, d'accord avec le Directeur de l'École, à ce que la condition de justifier d'un acte de baptême soit ainsi entendue explicitement dans le programme d'admission, ou qu'elle en soit retranchée purement et simplement.

Recevez, etc.

Le Ministre de l'instruction publique et des cultes,
Signé H. FORTOUL.

ARRÊTÉ MINISTÉRIEL *du* 10 *décembre* 1853, *créant une place de ministre officiant près le temple israélite de Clermont-Ferrand.*

Le Ministre Secrétaire d'État au département de l'instruction publique et des cultes,

Vu la demande du Consistoire israélite de la circonscription de Bordeaux tendant à obtenir, sur les fonds de l'État, un traitement pour le ministre officiant près la synagogue israélite de Clermont-Ferrand ;

Vu les avis du Consistoire central des Israélites et du préfet du Puy-de-Dôme ;

Vu l'Ordonnance royale du 25 mai 1844, portant organisation du culte israélite ;

Vu le budget des cultes pour l'exercice 1853 ;

Sur le rapport de M. le Directeur général de l'Administration des cultes ;

Avons arrêté et arrêtons ce qui suit :

Art. 1er. — Il y aura dans la ville de Clermont-Ferrand (Puy-de-Dôme) un ministre officiant du culte israélite rétribué sur les fonds du Trésor public.

Art. 2. — Le traitement de ce ministre officiant est fixé à 700 fr.

Paris, le 10 décembre 1853.

Signé H. FORTOUL.

DÉCRET du 15 juin 1854, créant un rabbinat à Seppois-le-Bas.

NAPOLÉON, etc.,

Vu la demande formée par le Consistoire central des Israélites à l'effet d'obtenir la création d'un rabbinat à Seppois-le-Bas, circonscription israélite de Colmar (Haut-Rhin) ;

Vu les délibérations des Conseils municipaux de Seppois-le-Bas, de Delle et de Grandvillard ;

Vu l'avis du préfet du Haut-Rhin ;

Vu les tableaux de population israélite des communes désignées pour être comprises dans le ressort du nouveau rabbinat ;

Vu la loi du 18 juillet 1837 ;

Vu l'Ordonnance du 25 mai 1844 ;

Avons décrété et décrétons ce qui suit :

Art. 1er. — Il y aura un Rabbin à Seppois-le-Bas, circonscription israélite de Colmar (Haut-Rhin).

Art. 2. — La circonscription du rabbinat comprendra les communes de Seppois-le-Bas, de Delle et de Grandvillard.

Art. 3. — Le traitement du Rabbin de Seppois-le-Bas est fixé à 600 fr.

Art. 4. — Notre Ministre Secrétaire d'État au département de l'instruction publique et des cultes est chargé de l'exécution du présent Décret, qui sera inséré au *Bulletin des Lois*.

Fait au Palais de Saint-Cloud, le 15 juin 1854.

Signé NAPOLÉON.

DÉPÊCHE *du Consistoire central aux Consistoires départe-mentaux, en date du 8 janvier 1856, au sujet des tableaux statistiques qui s'élaborent au Ministère des travaux publics.*

Paris, le 8 janvier 1856.

Messieurs,

M. le Ministre de l'agriculture, du commerce et des travaux publics vient d'appeler notre attention sur le relevé qui a été fait de la population israélite dans presque tous les États de l'Europe. Ce relevé, rapproché de celui dont les autres communions sont l'objet, a mis en lumière des particularités très remarquables et essentiellement favorables à cette population. C'est ainsi, notamment, que, presque partout, on a été amené à lui attribuer une longévité moyenne plus considérable. On a encore été frappé de l'espèce d'immunité relative dont elle jouit au milieu des épidémies les plus intenses.

Frappé de ces considérations, M. le Ministre désirerait avoir des renseignements aussi exacts que possible sur le mouvement de la population israélite de France, afin de pouvoir les joindre aux tableaux statistiques qui s'élaborent en ce moment dans les bureaux du Ministère des travaux publics. Nous ne nous dissimulons pas les difficultés que présente ce travail dans un pays où les israélites, assimilés aux citoyens des autres cultes, n'ont point de registres particuliers d'état civil. Mais nous espérons qu'appréciant tout l'intérêt qu'offriraient ces renseignements, vous ferez tout ce qui dépendra de vous pour les rendre aussi complets que possible. Vous possédez, sans doute, sur les mariages et les décès des renseignements suffisants qui pourront vous servir de point de départ pour remplir, du moins en partie, pour l'année 1855, les cadres que nous joignons à cette circulaire, et que vous ferez distribuer aux principales communautés de votre ressort. Vous réunirez ensuite dans un seul tableau toutes les données que vous aurez pu vous procurer. Si les exemplaires des cadres n'étaient pas suffisants, veuillez nous en prévenir, et nous nous empresserons d'en compléter le nombre.

Agréez, Messieurs, l'expression de nos sentiments très distingués.

Pour les Membres du Consistoire central :

M. CERFBERR, *Président.*

CONFÉRENCES *des Grands Rabbins, du 13 au 21 mai 1856.*

COMPTE RENDU SOMMAIRE

Séance du 13 mai 1856.

La séance est ouverte à une heure de l'après-midi.

Présents : M. Ulmann, Grand Rabbin du Consistoire central, président ; MM. Aron, Grand Rabbin de Strasbourg ; Marx (D.), Grand Rabbin de Bordeaux ; Isidor, Grand Rabbin de Paris ; Libermann, Grand Rabbin de Nancy ; Klein, Grand Rabbin de Colmar ; Marx (S.), Grand Rabbin de Bayonne.

M. le Rabbin Trenel est nommé secrétaire de la Conférence.

M. Munk, secrétaire du Consistoire central, est prié d'assister aux séances, afin d'obtenir de lui des renseignements sur les questions administratives qui pourraient être soulevées dans le cours des délibérations.

Vu l'absence de MM. les Grands Rabbins de Marseille et d'Alger, et les explications données par M. le Président sur les causes de leur arrivée tardive à Paris, les débats sur les questions du programme de la Conférence sont ajournés au 15 mai 1856.

Il est donné lecture des procès-verbaux des Conférences rabbiniques du Bas-Rhin, et d'un extrait des procès-verbaux des Conférences du Haut-Rhin, ainsi que de plusieurs lettres contenant les avis de quelques Rabbins communaux sur les questions du programme.

La séance est levée à trois heures.

Séance du 15 mai, ouverte à midi et demi.

Présents : les précédents membres, plus MM. Cahen (D.),
Grand Rabbin de Marseille; Weil (M.), Grand Rabbin d'Alger.

Lecture du procès-verbal de la séance du 13 mai.

Remerciements exprimés par MM. les Grands Rabbins de
Marseille et d'Alger.

M. le Président prononce une allocution dans laquelle il
détermine le caractère de l'Assemblée. Ce n'est pas un synode,
c'est une simple conférence, un entretien qui a pour but de
fournir à MM. les Grands Rabbins de France l'occasion de
s'éclairer réciproquement sur les besoins communs de leurs
circonscriptions, et d'échanger leurs idées sur les moyens les
plus propres à favoriser les progrès religieux et moraux de
leurs coreligionnaires.

Lecture est donnée d'une lettre de M. le Grand Rabbin de
Metz, qui regrette vivement d'être empêché, par son âge et
l'état de sa santé, d'assister aux Conférences. Plein de confiance dans les lumières de ses collègues, il adhère d'avance
aux résolutions qui seront prises.

La Conférence décide que l'adoption des mesures à prendre
par elle aura lieu à la simple majorité; mais que la question
d'opportunité dans l'application sera toujours réservée.

Ordre du jour : La première question du programme, relative
à un choix à faire dans les *Pioutim*.

La Conférence déclare :

Que les prières connues sous le nom de *Pioutim* peuvent
être révisées ;

Que cette révision est devenue désirable dans l'intérêt du
culte ;

Que, par conséquent, M. le Grand Rabbin du Consistoire
central est chargé de désigner les modifications qui pourront
avoir lieu, et que les changements à introduire dans les diverses communautés se feront conformément à ce travail, à la
demande du Rabbin communal du ressort et par une décision
du Grand Rabbin de la circonscription.

La séance est levée à cinq heures.

Séance du 16 mai, ouverte à midi et demi.

Tous les membres sont présents.

Ordre du jour : La suite du programme.

Deuxième question : *Convient-il d'introduire l'usage de traduire et de paraphraser une partie des textes de la* THORA *et des* HAPHTAROTH, *chaque samedi et jour de fête, après la lecture de la* SIDRA *du jour?*

M. le Président fait observer qu'en formulant cette question il avait en vue, non l'institution du מתורגמן, mais l'introduction d'une prédication fréquente et régulière. S'il a parlé de la *Haphtara* et de la *Sidra*, ce n'est pas pour limiter d'une manière absolue le choix des textes, c'était pour faire entendre qu'il n'est question que d'une instruction courte et substantielle sous forme de paraphrase ou d'homélie.

La Conférence recommande de donner fréquemment dans le temple des instructions, soit sous la forme de sermon, soit sous celle d'une paraphrase de la *Sidra* ou de la *Haphtara* du jour.

Troisième question : *Régler le chant et la mélodie de manière à abréger la durée du service divin.*

La Conférence, frappée des nombreux abus qui se sont introduits dans le service divin par le manque de connaissances religieuses des ministres officiants, et par la latitude qui leur est laissée de choisir à leur volonté des chants nouveaux et de prolonger les chants traditionnels, adopte un Règlement dont les principales dispositions sont :

1° Création, à Paris, d'une Commission chargée de régler le chant synagogal et de faire composer une partition qui sera introduite dans les synagogues de France.

2° Formation de Commissions chargées de régler l'office et de prescrire un programme au ministre officiant.

3° Conservation des airs traditionnels du rit allemand et du rit portugais.

4° Défense aux ministres officiants d'introduire de nouveaux chants sans l'approbation de la Commission.

5° Adoption d'un récitatif simple et naturel.

6° Certificat d'aptitude constatant les connaissances religieuses nécessaires au ministre officiant.

La séance est levée à quatre heures.

Séance du 18 mai, ouverte à neuf heures du matin.

Tous les membres sont présents.

Ordre du jour : Suite du programme.

Quatrième question : *Quels sont, en général, les moyens de rendre la célébration des offices digne, édifiante et instructive?*

Des mesures proposées, la Conférence adopte les suivantes :

1° Obligation imposée aux instituteurs d'enseigner aux enfants le chant religieux.

2° Récitation dialoguée des prières.

Elle émet le vœu qu'en construisant les temples, on ait égard à la nécessité d'y donner place aux populations des deux sexes, et que dans toutes les synagogues il y ait des places réservées à la jeunesse des écoles.

3° Que le Consistoire central recommande de nouveau, de la manière la plus pressante, l'abolition de la vente des *Milzwoth*.

La séance est levée à midi.

Le 19 mai, dans la matinée, les Grands Rabbins visitèrent l'institution du Talmud Thorà, où ils furent reçus par les membres du Bureau; celle de l'étude talmudique, où ils furent également reçus par le Bureau; la Salle d'asile israélite, les écoles communales israélites des garçons et des filles, l'établissement du fourneau en faveur de la classe ouvrière.

Plusieurs élèves du Talmud Thorà et de l'école des garçons ont été interrogés, et les membres de la Conférence se sont retirés très satisfaits des réponses faites par ces élèves et de la bonne tenue de ces divers établissements.

Séance du 19 mai, ouverte à deux heures et demie.

MM. les Grands Rabbins des départements remercient les Grands Rabbins de Paris de leur avoir procuré le plaisir de visiter les divers établissements d'instruction religieuse. Ils félicitent la communauté de Paris des excellentes institutions qu'elle possède. Ils ont remarqué particulièrement l'institution du Talmud Thorà, et ils se font un plaisir de constater l'importance des résultats déjà obtenus.

Suite de l'ordre du jour de la séance d'hier.

La Conférence recommande de restreindre la récitation du מי שברך et de la prière dite השכבה du rit portugais.

Elle adopte l'introduction de l'usage qui consiste à ce que les parents posent les mains sur la tête de leurs enfants, à la prière du מוסף pendant que la bénédiction dite ברכת כהנים est récitée.

Modification de la prière de אב הרחמים.

Cinquième question : *Introduire de l'uniformité dans les cérémonies de mariages, service d'inhumation, etc.*

MARIAGES. — L'Assemblée prie M. le Grand Rabbin du Consistoire central de faire un Règlement qui établisse l'uniformité dans cette cérémonie.

INHUMATIONS. — La Conférence émet le vœu que la plus grande uniformité soit observée dans le service des inhumations, et prie M. le Grand Rabbin du Consistoire central de donner à ce sujet des instructions à tous les Rabbins de France.

La séance est levée à six heures.

———

Le 20 mai, MM. les Grands Rabbins visitèrent l'hôpital Rothschild, où ils furent reçus par M. le Directeur, par MM. Albert Cohn, le Dr Haas et Jéramec, membres du Conseil, et par MM. Brossard, médecin en chef, et Chonov, médecin interne.

Le même jour, M. le Président du Consistoire central a donné aux membres de la Conférence un dîner auquel étaient également invités les membres du Consistoire central et MM. les Présidents des Consistoires de Paris et de Nancy.

M. le Président du Consistoire central a proposé à l'honneur de MM. les Grands Rabbins un toast auquel a répondu M. le Président de la Conférence au nom de ses collègues. M. Louis Halphen, membre du Consistoire central, propose de boire à la santé du vénérable Grand Rabbin de Metz, que son âge a empêché de se rendre à Paris.

Séance du 21 mars, ouverte à midi et demi.

Tous les membres sont présents.

L'Assemblée exprime sa vive reconnaissance pour les fondateurs de l'hôpital israélite et de la Maison des Vieillards, et pour tous ceux qui concourent à l'administration et à l'entretien de cette admirable institution de charité.

Ordre du jour : Suite de la cinquième question du programme.

SERVICE POUR LES MORTS (le jour de Kipour). — La Conférence décide qu'il sera institué, le jour de Kipour, un service de commémoration pour les morts. Il pourra être fait mention de toute personne décédée dans l'année.

Sixième question : *Service des relevailles.*

La Conférence adopte la proposition suivante :

Il sera institué au temple un service de bénédiction pour les enfants des deux sexes. Ce service ne pourra avoir lieu pour les garçons qu'après la circoncision.

QUESTION DE L'ORGUE. — Cette question est mise à l'ordre du jour, à la demande de plusieurs membres de la Conférence.

La Conférence, tout en déplorant la tendance à entourer les cérémonies religieuses d'une pompe très peu compatible avec le caractère de simplicité qui distingue le culte israélite, décide qu'au point de vue doctrinal :

Il est permis d'introduire l'orgue dans les temples et de le faire toucher, les jours de sabbath et de fête, par un non israélite. Toutefois, l'établissement de l'orgue dans les synagogues ne pourra avoir lieu qu'avec l'autorisation du Grand Rabbin de la circonscription, sur la demande du Rabbin communal du ressort.

La séance est levée à six heures.

Séance du 22 mai, ouverte à midi et demi.

Tous les membres sont présents.

Septième question : *Initiation religieuse.*

Cette cérémonie portera le nom de *cérémonie de majorité religieuse.* Les enfants ne pourront y être admis qu'après un examen préalable constatant leur aptitude religieuse.

La Conférence invite M. le Grand Rabbin du Consistoire central à organiser la cérémonie dont le programme sera uniformément adopté dans les synagogues de France.

Huitième question : *Instruction religieuse*, programme pour les écoles.

La Conférence adopte les mesures suivantes :

1° En attendant qu'une école normale israélite puisse être fondée, ou que des élèves maîtres des Écoles normales de France soient envoyés dans une école désignée par le Consistoire central, des aumôniers israélites seront attachés aux Écoles normales du Haut et du Bas-Rhin.

2° Provoquer la création d'écoles communales israélites, partout où il y a possibilité.

3° Provoquer la nomination d'aumôniers dans les établissements publics fréquentés par les élèves israélites.

4° Créer, sous les auspices des Grands Rabbins, des cours réguliers d'instruction religieuse à l'usage de la jeunesse israélite.

5° Encourager la création d'établissements d'instruction secondaire, où la jeunesse disposée à fréquenter les institutions universitaires trouve le moyen de donner satisfaction aux exigences de notre culte.

6° Encourager la publication et la propagation de livres religieux, et surtout de livres d'instruction et d'édification.

7° Établir un programme des connaissances religieuses à exiger des aspirants et des aspirantes au brevet de capacité.

8° Mettre à même les Grands Rabbins et les Rabbins communaux de pouvoir visiter fréquemment les écoles de leurs circonscriptions, pour s'assurer des soins donnés à l'instruction religieuse.

Adoption d'un programme d'études à introduire dans les écoles de garçons et de filles.

La séance est levée à cinq heures et demie.

Séance du 23 mai, ouverte à midi et demi.

Tous les membres sont présents.

Ordre du jour, neuvième question du programme : *Révision du catéchisme.*

La Conférence reconnaissant la nécessité d'un catéchisme développé, charge M. le Grand Rabbin du Consistoire central du soin de ce travail.

Dixième question : *Surveillance à exercer sur les schochetim.*

La Conférence décide que, sauf les cas exceptionnels, il ne sera plus remis de certificat d'aptitude aux schochetim; que la révocation d'un schochet sera notifiée par le Rabbin de la circonscription au Grand Rabbin du Consistoire central, qui en instruira tous les Grands Rabbins de France.

Que cette mesure sera appliquée aux סופרים; qu'une surveillance sera exercée sur ceux qui font le commerce d'objets sacrés, tels que תפילין, מזוזות, etc.

Onzième question : *Formation d'une caisse centrale.*

La Conférence décide qu'il sera créé une caisse centrale destinée à subvenir à divers besoins du culte, tels que secours à des veuves de Rabbins, secours aux Rabbins dans une circonstance extraordinaire, encouragements aux instituteurs, etc., etc.

Formation de registres de statistique, tenus par les Rabbins.

La Conférence émet les vœux suivants :

Que des démarches soient faites à l'effet d'obtenir en faveur de M. Mayer Lazare, directeur et professeur de l'École centrale rabbinique, une pension de retraite si bien méritée par de longs services rendus à l'établissement confié à sa direction;

Que l'École centrale rabbinique soit transférée à Paris;

Que les israélites détenus dans les maisons centrales soient dispensés de travailler les samedis et jours de fête;

Qu'un costume soit adopté par les Rabbins et les ministres officiants.

La Conférence décide qu'un compte rendu sommaire des résolutions arrêtées sera communiqué aux journaux israélites, et qu'un compte rendu plus complet, accompagné d'instructions et d'explications, sera adressé ultérieurement aux fidèles.

Elle décide, en outre, que les Conférences auront lieu tous les cinq ans.

L'Assemblée vote des remerciements à M. le Président, au secrétaire, M. Trenel, et à M. Munk.

M. le Président prononce la clôture des Conférences.

La séance est levée à cinq heures.

Certifié conforme : S. ULMANN.

RAPPORT SOMMAIRE *présenté, le 23 juin 1856, par le Consistoire central au Ministre des cultes sur les résultats des délibérations de MM. les Grands Rabbins de France, réunis en conférence rabbinique à Paris.*

Monsieur le Ministre,

Nous conformant au désir que Votre Excellence nous a fait l'honneur de nous exprimer par sa dépêche du 13 juin courant, nous nous empressons de lui adresser d'une manière sommaire un compte rendu des délibérations de MM. les Grands Rabbins de France, réunis en conférence le 16 mai dernier.

Sans le retard qu'a éprouvé la séance dans laquelle le rapport sur les délibérations de cette réunion a dû nous être présenté, nous nous serions fait un devoir de prévenir le désir de Votre Excellence, bien que la réunion, ainsi que nous avons eu l'honneur de le dire dans notre lettre du 8 octobre 1855, n'ait eu qu'un caractère intime, et que les décisions prises, ne touchant point au dogme, n'aient d'intérêt que pour la synagogue.

Le programme des questions soumises à ses collègues par M. le Grand Rabbin du Consistoire central se divise en deux parties, et l'examen de ces questions a donné les résultats suivants :

Première partie. — LITURGIE.

1º Révision des prières dites *additionnelles*. Il est question ici de prières non obligatoires récitées aux jours de fête, avec plus ou moins de variété, dans les synagogues des divers rites. La Conférence, voulant préparer la voie à la fusion des deux rites principaux restant en France, et désignés sous les noms de rites *Askenasi* (Allemand) et *Sefardi* (Portugais), a décidé qu'un travail de révision sera préparé par le Grand Rabbin du Consistoire central pour être introduit dans les synagogues de France.

2º Adoption, sauf l'approbation du Consistoire central, d'un projet de Règlement concernant le chant synagogal.

3º Institution de Conférences religieuses pendant l'office du samedi.

4º Introduction de l'orgue déclaré permis.

2

5° Programme uniforme pour les cérémonies de mariage, service d'inhumation, célébration de la majorité religieuse, etc.

Seconde partie. — INSTRUCTION RELIGIEUSE.

1° Adoption d'un programme d'instruction religieuse pour les écoles israélites. Ce programme comprend, pour les écoles de garçons : Lecture de l'hébreu, traductions de certaines parties du rituel, du Pentateuque et des premiers prophètes, éléments de la langue hébraïque, catéchisme et histoire sainte.

Pour les filles : Lecture de l'hébreu, traduction du rituel, catéchisme et histoire sainte.

2° Adoption de plusieurs propositions tendant à provoquer la publication et la propagation de bons livres d'instruction et d'édification, à donner des encouragements aux instituteurs, à assurer une instruction religieuse aux jeunes israélites qui fréquentent les établissements universitaires, et enfin, à mettre les Rabbins à même de visiter fréquemment les écoles de leurs ressorts respectifs.

3° Révision du catéchisme.

4° Règlement concernant les fonctions de schochet.

5° Formation par les Rabbins de registres constatant les naissances, les décès et les mariages, conformément à la demande faite par S. Exc. M. le Ministre des travaux publics.

6° Formation à l'aide de souscriptions volontaires d'une Caisse destinée à venir au secours de Rabbins infirmes et de leurs veuves.

7° Vœux relatifs au chômage des détenus israélites pendant les jours de fête, à la nécessité de procurer une instruction suffisante aux élèves maîtres israélites des écoles normales, à l'adoption d'un costume pour les Rabbins et les ministres officiants, à une pension de retraite en faveur du Directeur actuel de l'École centrale rabbinique de Metz, et enfin, à la translation de l'École rabbinique à Paris.

Nous prendrons plus tard la liberté d'appeler la bienveillante sollicitude de Votre Excellence sur les importantes questions qui forment l'objet de ces deux derniers vœux, lorsque nous serons en mesure d'indiquer les moyens qui nous paraissent propres à faciliter la réalisation de la demande formée, dont nos premiers pasteurs se sont rendus l'organe.

La Conférence, ouverte le 16 mai 1856, a été close le 23 du même mois.

Nous avons l'honneur d'être, Monsieur le Ministre, avec respect, etc.

DÉCRET *du 24 août 1857, changeant la dénomination du Consistoire de Saint-Esprit en celle de Consistoire de Bayonne.*

NAPOLÉON, etc.,

Vu l'Ordonnance royale du 7 janvier 1846, qui établit une circonscription consistoriale israélite dont le chef-lieu est à Saint-Esprit;

Vu la loi du 1er juin 1857, qui distrait la commune de Saint-Esprit de l'arrondissement de Dax et du département des Landes pour la réunir à la ville de Bayonne, département des Basses-Pyrénées;

Avons décrété et décrétons ce qui suit :

Art. 1er. — Le Consistoire de la circonscription israélite de Saint-Esprit prendra désormais la dénomination de Consistoire de Bayonne.

Art. 2. — Notre Ministre Secrétaire d'État au département de l'instruction publique et des cultes est chargé de l'exécution du présent Décret, qui sera inséré au *Bulletin des Lois.*

Fait au Palais des Tuileries, le 24 août 1852.

Signé NAPOLÉON.

DÉCRET *du 24 août 1857, qui établit à Lyon le siège d'un nouveau Consistoire et d'un grand rabbinat.*

NAPOLÉON, etc.,

Sur le rapport de notre Ministre Secrétaire d'État au département de l'instruction publique et des cultes;

Vu les pétitions adressées à notre Ministre de l'instruction publique et des cultes, à l'effet de solliciter la création d'un nouveau Consistoire israélite dont le chef-lieu serait à Lyon (Rhône);

Vu les états de la population israélite des départements intéressés, desquels il résulte que le chiffre de cette population est au-dessus de deux mille (2,000) âmes;

Vu l'avis du Consistoire central des Israélites, en date du 12 décembre 1854 ;

Vu la délibération du Conseil municipal de Lyon, en date du 10 juillet 1857 ;

Vu l'avis du préfet du Rhône, en date du 17 mai 1856 ;

Vu le Décret du 17 mars 1808 sur le culte israélite et la loi du 8 février 1831 ;

Vu les Ordonnances des 6 août 1831 et 25 mai 1844 ;

Avons décrété et décrétons ce qui suit :

Art. 1er. — Les départements du Rhône, de la Loire et de l'Isère ; ceux de l'Ain, du Jura et de Saône-et-Loire et celui du Doubs sont distraits des circonscriptions des Consistoires israélites de Marseille, de Colmar et de Nancy, pour former la circonscription d'un nouveau Consistoire dont le chef-lieu sera à Lyon (Rhône).

Art. 2. — Il y aura près la synagogue du chef-lieu consistorial un Grand Rabbin et un ministre officiant ; mais les traitements de ces ministres, fixés conformément au Décret du 17 mars 1808 et à l'Ordonnance du 6 août 1831, ne seront à la charge de l'État qu'à partir du 1er janvier 1859.

Art. 3. — A partir de cette même époque, le Trésor public cessera de rétribuer un Rabbin communal à Lyon.

Art. 4. — Il sera procédé, conformément aux dispositions de l'article 23 de l'Ordonnance du 25 mai 1844, à l'institution, dans la ville de Lyon, d'une Commission chargée de l'administration provisoire des affaires de la nouvelle circonscription et de la formation de la liste des électeurs israélites.

Art. 5. — Notre Ministre Secrétaire d'État au département de l'instruction publique et des cultes est chargé de l'exécution du présent Décret, qui sera inséré au *Bulletin des Lois*.

Fait au Palais des Tuileries, le 24 août 1857.

Signé NAPOLÉON.

DÉCRET du *1er juillet 1859, transférant à Paris l'École rabbinique de Metz.*

NAPOLÉON, etc.,

Sur le rapport de notre Ministre Secrétaire d'État au département de l'instruction publique et des cultes ;

Vu l'arrêté ministériel du 20 août 1829, approuvant le Règlement présenté par le Consistoire central israélite pour l'établissement d'une École centrale rabbinique ;

Vu la loi du 8 février 1831 et l'Ordonnance du 22 mars de la même année ;

Vu l'Ordonnance royale du 25 mai 1844, portant règlement pour l'organisation du culte israélite ;

Vu la demande du Consistoire central israélite, tendant à obtenir que l'École centrale rabbinique soit transférée de Metz à Paris, ensemble l'avis des Consistoires départementaux consultés sur l'utilité de cette mesure ;

Vu les pièces relatives à l'arrangement intervenu entre le Consistoire central des Israélites et le Consistoire de Metz pour indemniser ce dernier des dépenses nécessitées pour la reconstruction de l'École rabbinique ;

Vu l'avis de notre Ministre de l'intérieur ;

Avons décrété et décrétons ce qui suit :

Art. 1er. — A partir du 1er novembre 1859, l'École centrale rabbinique sera transférée à Paris et prendra le nom de *Séminaire israélite,* sans que ce titre puisse entraîner pour l'État aucune obligation nouvelle.

Art. 2. — L'établissement sera administré par le Consistoire de Paris, sous la haute surveillance du Consistoire central israélite.

Art. 3. — Tous Règlements concernant l'administration intérieure et les études du Séminaire israélite seront soumis à l'approbation de notre Ministre de l'instruction publique et des cultes.

Art. 4. — Notre Ministre Secrétaire d'État au département de l'instruction publique et des cultes est chargé de l'exécution du présent Décret.

Fait en Conseil des Ministres, au Palais de Saint-Cloud, le 1er juillet 1859.

Pour l'Empereur,
et en vertu des pouvoirs qu'il nous a confiés,

Signé EUGÉNIE.

RÈGLEMENT *du Séminaire israélite établi à Paris par le Décret ci-dessus.*

SECTION PREMIÈRE

Organisation générale.

Art. 1er. — Le Séminaire israélite est placé sous la surveillance du Consistoire central; il est administré par le Consistoire de Paris, et, sous son autorité, par une Commission, ainsi qu'il sera dit ci-après.

Art. 2. — Le nombre des élèves internes jouissant d'une bourse gratuite est fixé à dix.

Art. 3. — Pour être admis à une bourse gratuite, le candidat devra remplir les conditions suivantes :

1° Être Français;

2° Être âgé de dix-huit ans;

3° Être porteur d'un certificat d'aptitude religieuse et morale délivré par le Consistoire de sa circonscription;

4° Justifier qu'il a été vacciné ou qu'il a eu la petite vérole;

5° Justifier du diplôme de bachelier ès lettres.

Toutefois, dans des cas exceptionnels que la Commission appréciera, un délai pourra être accordé au candidat pour l'obtention du diplôme. Ce délai ne pourra dépasser la première année scolaire.

6° Posséder les principes de la langue hébraïque et être en état de lire un texte hébreu avec la prononciation dite orientale;

7° Être en état de traduire et d'expliquer la Bible;

8° Être en état d'expliquer et de traduire en français un texte du Talmud avec le commentaire dit Tosaphoth.

Art. 4. — Il y aura tous les deux ans un concours pour l'admission aux bourses gratuites.

Ce concours aura lieu à Paris, en présence de la Commission administrative.

Les Consistoires des départements feront subir un examen préalable aux candidats de leurs circonscriptions respectives, et désigneront ceux qui seront jugés admissibles au concours.

Art. 5. — Les admissions au Séminaire ne pourront avoir lieu qu'au commencement de l'année scolaire.

Art. 6. — Indépendamment des élèves internes gratuits, il pourra être admis au Séminaire des pensionnaires et des externes. Ils devront remplir les conditions prescrites par les articles 3 et 5.

Toutefois, aucun élève externe ne sera admis s'il n'est placé dans une famille qui ait la confiance de la Commission administrative.

Art. 7. — Le nombre des élèves externes sera fixé, suivant les besoins, par le Consistoire de Paris.

Art. 8. — Le Consistoire de Paris, sur le rapport de la Commission administrative, pourra accorder des bourses d'externes gratuites. Il pourra également, sous l'approbation du Consistoire central, faire remise aux internes payants d'une somme annuelle qui sera fixée par la Commission.

Art. 9. — Des élèves de pays étrangers pourront être admis comme pensionnaires au Séminaire, sans toutefois que les titres qu'ils pourront obtenir à la fin de leurs études leur donnent le droit d'aspirer à des fonctions rabbiniques en France.

Leur admission est soumise aux conditions déterminées à l'article 3, à partir du § 2.

Art. 10. — Les élèves internes auront une tenue dont la forme sera déterminée par le règlement intérieur, et qui sera de rigueur toutes les fois que l'élève sort de l'établissement.

SECTION II

Des Études.

Art. 11. — L'enseignement donné dans le Séminaire israélite sera de six années.

Un élève pensionnaire ou externe qui obtiendra une bourse gratuite ne pourra jouir de ce bénéfice que pendant le nombre d'années nécessaires pour compléter la période de six ans fixée par cet article.

Art. 12. — Le cours des études au Séminaire comprend les matières suivantes :

La Bible, le Talmud, la théologie, la langue hébraïque, l'histoire des Hébreux jusqu'à nos jours, l'histoire universelle dans ses rapports avec l'histoire des Hébreux, l'histoire de la philosophie, la littérature.

A ces matières pourront être ajoutées : la langue allemande, quelques-unes des langues sémitiques, telles que le syriaque, le chaldéen et l'arabe, et des notions de mathématiques, de physique et d'histoire naturelle.

Le plan des études et la division des classes seront déterminés par le Règlement intérieur.

Art. 13. — A la fin de chaque semestre, les élèves auront à subir un examen sur les matières enseignées pendant le semestre.

Art. 14. — L'élève qui, pendant deux ans de séjour à l'établissement, n'aura pas répondu convenablement aux examens, sera renvoyé du Séminaire, qu'il soit interne payant, pensionnaire ou externe.

Art. 15. — Au bout de quatre ans d'études, le titre de *Haber* (חבר ou licencié en théologie) pourra être accordé aux élèves qui auront répondu d'une manière satisfaisante à tous les examens semestriels. La forme de ce titre et le mode de le délivrer seront ultérieurement déterminés.

Art. 16. — A la fin de leurs études, les élèves subiront sur toutes les parties de l'enseignement un examen général, à la suite duquel, s'ils en ont rempli les conditions, il leur sera délivré, suivant le degré d'instruction dont ils auront fait preuve, un certificat d'aptitude au titre de Sous-Rabbin, de Rabbin ou de Grand Rabbin.

Art. 17. — Si, par suite de circonstances exceptionnelles ayant occasionné une suspension forcée de travail, un élève au terme de sa sixième année ne réunit pas les conditions nécessaires pour obtenir un des trois titres ci-dessus mentionnés, ce terme pourra être prorogé sur la proposition de la Commission administrative et par une décision du Consistoire central.

Cette même disposition est applicable à un élève qui devra passer de la division inférieure à la division supérieure.

Art. 18. — Il sera dressé une liste de mérite où le rang des élèves sera déterminé à la fois d'après l'assiduité dont ils auront fait preuve, la valeur des examens semestriels qu'ils auront subis et la capacité qu'ils auront montrée dans les compositions, les thèses et les exercices ordinaires du Séminaire.

SECTION III

Du Directeur et des Professeurs.

Art. 19. — Le Directeur est nommé par le Ministre de l'instruction publique et des cultes, sur la présentation du Consistoire central. La présentation ne pourra être faite que sur l'avis favorable du Consistoire de Paris.

Art. 20. — Le Directeur est chargé de veiller à l'exécution des Règlements, et au maintien du bon ordre, de la discipline et de la régularité des études.

Il doit rendre compte chaque mois à la Commission administrative de toutes les parties du service.

Il sera chargé en même temps de l'une des branches de l'enseignement religieux.

Il devra nécessairement demeurer dans l'établissement.

Art. 21. — Les professeurs sont nommés par le Ministre de l'instruction publique et des cultes, sur la présentation du Consistoire central.

SECTION IV

De la Commission administrative.

Art. 22. — La Commission administrative instituée près le Séminaire israélite se compose :

1° Du Grand Rabbin du Consistoire central, président ;

2° Du Grand Rabbin du Consistoire départemental, vice-président ;

3° De deux membres laïques du Consistoire central désignés par cette Administration ;

4° De six membres nommés par le Consistoire de Paris, sous l'approbation du Consistoire central.

Tous les deux ans, deux membres sortiront de la Commission ; leur remplacement se fera par celle des deux Administrations dont ils auront été les délégués.

Le sort décidera des trois premières sorties biennales.

Les membres sortants peuvent être réélus.

Art. 23. — La Commission préside aux arrangements concernant le régime intérieur de l'établissement et veille à l'exécution des Règlements.

Elle adresse tous les trois mois un rapport moral et financier au Consistoire de Paris. Ces rapports trimestriels seront envoyés au Consistoire central et serviront de base au rapport annuel que le Consistoire de Paris adressera, par l'intermédiaire du Consistoire central, au Ministre de l'instruction publique et des cultes, sur le progrès des élèves, leur application et sur la situation matérielle de l'établissement.

Art. 24. — La Commission, de concert avec les professeurs, arrêtera chaque année, sous l'approbation du Consistoire de Paris, le programme des études, ainsi que les livres dont il conviendra de faire usage ou ceux qui devront former le fonds de la bibliothèque.

SECTION V

Du Service religieux et de la Discipline intérieure.

Art. 25. — Il y aura dans l'intérieur du Séminaire un oratoire où les élèves se réuniront pour la prière ; ils seront tenus d'officier tour à tour.

Art. 26. — Les élèves, pendant les heures de classe, sont sous la surveillance immédiate des professeurs, qui feront leur rapport au Directeur.

Art. 27. — Tout élève, sur le rapport de la Commission, pourra être renvoyé du Séminaire pour cause de faute grave ou de négligence habituelle.

Il sera statué par le Consistoire central sur les demandes d'exclusion définitive, par le Consistoire de Paris et, en cas d'urgence, par la Commission sur celles qui n'auront pour objet que l'exclusion temporaire.

Les élèves pourront être l'objet d'autres mesures disciplinaires qui seront déterminées par le Règlement intérieur.

Art. 28. — Le Consistoire de Paris et, au besoin, la Commission administrative, pourront, s'il y a urgence, suspendre le cours d'un professeur. Il devra en être immédiatement référé au Consistoire central, pour être statué sur ce qu'il appartiendra.

Art. 29. — Il y aura chaque année des vacances de Pâques qui dureront quinze jours, et des vacances dites du mois de

Tisri, dont la durée est d'un mois. Toutefois, les élèves seront libres de demeurer au Séminaire pendant ces époques de repos.

Les élèves auront congé les jours de fêtes religieuses et nationales.

Art. 30. — Un Règlement déterminant le régime, les matières des études, l'ordre intérieur, les mesures disciplinaires, et, en général, les détails d'application des dispositions qui précèdent, sera soumis à l'approbation du Ministre de l'instruction publique et des cultes.

Art. 31. — Les Règlements et arrêtés précédents sont abrogés dans celles de leurs dispositions qui sont contraires au présent Règlement.

Dispositions transitoires.

Art. 32. — La disposition de l'article 3, concernant le diplôme de bachelier ès lettres, ne sera exécutoire qu'à partir du mois d'octobre 1862. Jusqu'à cette époque, les candidats devront posséder les connaissances qui, dans les Lycées, font la matière de l'enseignement de la seconde classe.

Vu, approuvé et rendu exécutoire.

Paris, le 1er décembre 1860.

Le Ministre de l'instruction publique et des cultes,

Signé ROULAND.

RÈGLEMENT d'administration et d'ordre intérieur pour le Séminaire israélite.

SECTION PREMIÈRE

Admission et enregistrement des Élèves.

Art. 1er. — Les Consistoires départementaux seront informés six mois à l'avance des vacances qui surviendront dans le Séminaire israélite par la sortie des élèves boursiers; ils en donneront avis aux Rabbins communaux, qui en feront la publication dans les communautés de leur ressort.

Art. 2. — Les candidats qui désireront concourir pour une bourse gratuite subiront, s'ils ne sont déjà admis au Séminaire en qualité d'externe ou de pensionnaire, un examen préalable au chef-lieu de leur circonscription respective. A la suite de cet examen, les Consistoires départementaux désigneront les candidats qu'ils auront jugés admissibles au concours, et dont la liste devra être transmise au Consistoire central.

Art. 3. — Les candidats désignés seront informés du jour du concours par les soins de la Commission administrative. A leur arrivée à Paris, les candidats déposeront chez le Directeur du Séminaire l'extrait de leur acte de naissance et des certificats justifiant des conditions prescrites par les cinq premiers paragraphes de l'article 3 du Règlement général.

Art. 4. — Il sera donné avis aux Consistoires départementaux de l'admission des élèves appartenant à leurs circonscriptions respectives.

Art. 5. — L'élève, en entrant au Séminaire, devra être pourvu d'un trousseau ainsi composé :

1º Une redingote et un habit en drap noir qui auront sur le revers un palmier en couleur violette ;

2º Deux pantalons de drap noir ;

3º Deux gilets de drap noir ;

4º Deux paires de souliers ;

5º Douze chemises de toile ;

6º Six paires de bas ;

7º Six serviettes ;

8º Deux cravates noires ;

9º Six mouchoirs de poche ;

10º Un chapeau rond.

Les objets indiqués aux §§ 1, 2, 3, 4, 8 et 10 forment la tenue des élèves.

Art. 6. — Chaque élève interne devra avoir à Paris, pour répondant, une personne honorablement connue.

Art. 7. — Après l'admission d'un élève, le Directeur devra immédiatement : 1º s'assurer si l'élève est pourvu du trousseau prescrit par l'article 5 ; 2º inscrire sur un registre à ce destiné, et dont il sera parlé à l'article 31, le nom de l'élève, son âge, le nom de son répondant, ainsi que la mention des écoles et collèges qu'il aura précédemment fréquentés ; 3º l'installer dans la chambre qui lui sera destinée, dresser avec lui contradictoirement l'état du mobilier qu'elle renferme, lui fournir les objets nécessaires, et lui remettre le Règlement relatif aux cours et à l'ordre intérieur de l'établissement.

Pour les externes, il y aura à enregistrer, outre le nom, l'âge et les écoles que l'élève aura fréquentées, le nom et la demeure de la famille où l'élève sera placé.

Toutefois, le Directeur ne pourra admettre l'élève payant, externe ou pensionnaire que sur la production de la quittance du trésorier constatant que le trimestre d'avance a été payé, d'après l'article 8 ci-après.

Art. 8. — Le prix de la pension est fixé à 1,000 fr.

Les externes paieront une rétribution annuelle de 300 fr., le tout payable par trimestre et d'avance.

Art. 9. — Ceux qui voudront profiter du bénéfice de la disposition des articles 7 et 8 du Règlement général présenteront leur demande à la Commission administrative, qui la transmettra, s'il y a lieu, au Consistoire de Paris, pour être statué ce qu'il appartiendra.

SECTION II

Des Études.

Art. 10. — La durée journalière des cours est de six heures.

L'arrêté concernant le programme des études et la distribution des heures pour chaque semestre d'été ou d'hiver, sera affiché dans la salle des cours après avoir été certifié par le Directeur.

Art. 11. — L'enseignement dans le Séminaire comprendra les études religieuses et les lettres.

Art. 12. — Les études religieuses comprendront :

1º La Bible. — Ce cours ne formera qu'une division et aura pour objet :

A. La traduction en français, l'explication grammaticale et l'étude approfondie à la fois, critique, historique et littéraire de toutes les parties de l'Écriture sainte. Outre les commentaires rabbiniques les plus renommés, on prendra pour guides les meilleurs commentaires modernes.

B. La grammaire hébraïque et des exercices de style (thèmes et versions).

C. Les antiquités bibliques.

2º Le Talmud (*Halacha*, *Agada* et *Méthodologie*).

Cette branche ne formera qu'une division.

Le professeur exposera l'analyse des textes, développera les questions au point de vue doctrinal, discutera les différentes interprétations auxquelles elles ont donné naissance, comparera entre elles les opinions des principaux commentateurs, et terminera par le résumé précis des conclusions adoptées.

Les élèves seront tenus de préparer la matière d'avance.

3° La théologie. — Ce cours sera partagé en deux divisions dans chacune desquelles les élèves resteront pendant trois ans.

Dans la première division, le cours aura pour objet : la traduction et l'explication des ouvrages philosophiques de Bachia, Jehouda Halevi, Saadia, Maimonides et Albo. Les études dans la seconde division (division supérieure) auront pour objet l'exposé méthodique de la philosophie religieuse du judaïsme, l'histoire de la théologie et l'étude des auteurs désignés par la Commission.

4° L'histoire des Hébreux depuis leur origine jusqu'à nos jours, en y comprenant notamment leur histoire littéraire.

Les élèves de ce cours ne formeront qu'une division.

Les lettres comprendront les matières suivantes :

1° La littérature grecque et latine. — Ce cours ne formera qu'une division.

2° L'histoire de la philosophie enseignée aux élèves de la deuxième division.

3° Un cours d'éloquence et exercices de prédication également destinés aux élèves de la seconde division.

A ces matières pourront être ajoutés :

4° L'histoire ancienne et moderne. — Ce cours ne formera qu'une seule division.

5° Le chaldéen, le syriaque et l'arabe, cours destinés aux élèves de la deuxième division.

6° Des notions de physique et d'histoire naturelle, des langues vivantes, et notamment la langue allemande.

Le chant liturgique sera également enseigné aux élèves.

Art. 13. — Tous les mois, les professeurs feront composer leurs élèves sur les matières qui forment l'objet de leur cours. Ces compositions seront adressées à la Commission avec l'avis des professeurs sur le mérite du travail et le classement des élèves.

SECTION III

Des Professeurs.

Art. 14. — Les professeurs suivront dans leurs cours le programme tel qu'il aura été arrêté en exécution de l'article 24 du Règlement général. Ils ne pourront rien changer, sans l'autorisation de la Commission administrative, au plan d'études et à la distribution des heures, arrêtés selon l'article 10 du présent Règlement.

Art. 15. — Tous les mois, les professeurs remettront les notes sur la conduite et le travail des élèves au Directeur, qui les transmettra avec ses observations au président de la Commission administrative.

Art. 16. — En cas d'empêchement ou de maladie d'un professeur, il sera remplacé par celui de ses collègues que la Commission désignera. La Commission pourra aussi faire faire l'intérim par l'élève le plus apte des cours.

SECTION IV

Des Examens.

Art. 17. — Les examens semestriels auront lieu conformément à l'article 13 du Règlement général.

Le procès-verbal de ces examens et du classement des élèves sera transcrit sur les registres de la Commission.

Art. 18. — La Commission fixera, avant chaque examen semestriel, le temps qui sera accordé aux élèves pour la répétition.

Art. 19. — A la fin de leurs études, les élèves subiront, en exécution de l'article 16 du Règlement général, leur examen général devant une Commission composée :

1° Du Grand Rabbin du Consistoire central, président :

2° Du Grand Rabbin du Consistoire de Paris ;

3° Du Directeur du Séminaire ;

4° De trois membres désignés par le Consistoire central ;

5° Des professeurs du Séminaire, chacun pour la branche d'enseignement dont il est chargé.

Art. 20. — L'examen général de sortie aura pour objet toutes les matières de l'enseignement. Il y aura des épreuves écrites et des épreuves orales sur les matières suivantes : la Bible, le Talmud, la théologie, l'histoire de la philosophie et la littérature.

Les épreuves seront orales seulement sur les autres matières mentionnées à l'article 12.

Art. 21. — A la suite de ces épreuves, la Commission d'examen réunie jugera, suivant le degré d'instruction dont l'élève aura fait preuve, s'il y a lieu de lui accorder un certificat d'aptitude soit au titre de Rabbin, soit au titre de Grand Rabbin.

L'élève qui sera jugé incapable de recevoir un de ces titres pourra néanmoins obtenir un certificat d'aptitude aux fonctions de Sous-Rabbin.

Art. 22. — Avant de recevoir définitivement le certificat d'aptitude au titre de Grand Rabbin, l'élève qui aura satisfait à toutes les épreuves mentionnées à l'article 20 devra en outre soutenir :

1º Une thèse talmudique ;

2º Une thèse dont le sujet sera relatif, soit à la théologie juive, soit à l'une des parties de la Bible.

Les deux sujets de thèse seront choisis par l'aspirant et agréés par le président de la Commission.

Art. 23. — Les élèves auxquels auront été conférés des certificats d'aptitude comme Rabbin ou comme Sous-Rabbin pourront, à toute époque, se présenter devant la Commission d'examen, et obtenir par une nouvelle épreuve un nouveau certificat d'aptitude à un titre supérieur à celui qui leur avait été primitivement conféré.

Art. 24. — Un procès-verbal sera dressé de toutes les opérations de la Commission d'examen et transmis par la Commission administrative au Consistoire central et au Consistoire de Paris.

SECTION V

De l'Administration.

§ 1er. — De la Commission administrative.

Art. 25. — La Commission administrative se réunira au moins une fois par mois. Des réunions plus nombreuses pourront avoir lieu sur la convocation du président.

Art. 26. — Si un membre de la Commission venait à cesser ses fonctions, il sera remplacé d'après le mode prescrit par l'article 22 du Règlement général.

Art. 27. — Il y aura un secrétaire attaché à la Commission administrative et nommé par le Consistoire de Paris. Le traitement de ce fonctionnaire sera ultérieurement fixé.

Art. 28. — Le secrétaire devra tenir deux registres :

1° Un registre des délibérations ou procès-verbaux des séances ;

2° Un registre de correspondance.

§ II. — Du Directeur.

Art. 29. — Le Directeur pourra assister à tous les cours. Il transmettra à la Commission les demandes des professeurs.

Art. 30. — Il est chargé :

1° De maintenir l'ordre intérieur du Séminaire ;

2° De faire exécuter ponctuellement le Règlement et les ordres de la Commission ;

3° De surveiller la propreté de l'établissement et la bonne tenue des élèves, leur nourriture et leur entretien ;

4° D'assister aux repas et aux offices divins, de visiter fréquemment et au moins deux fois par jour la salle d'étude ;

5° De transmettre à la Commission les plaintes qu'il aura à faire sur la conduite des élèves et sur le service intérieur du Séminaire.

Art. 31. — Le Directeur tiendra trois registres :

1° Un registre d'admission des élèves internes et externes ;

2° Un registre où seront transcrites les notes données aux élèves en exécution de l'article 15, et qui serviront de base à la liste de mérite dont il est parlé à l'article 18 du Règlement général ;

3° Un registre de comptabilité pour les recettes et les dépenses, et pour les mutations dans le mobilier de l'établissement.

Art. 32. — Les gens de service à l'intérieur du Séminaire seront choisis par le Directeur avec l'approbation de la Commission. Leur salaire sera fixé par le Consistoire.

Art. 33. — L'état du mobilier du Séminaire sera remis au Directeur à son entrée en fonction. Un double signé par lui restera entre les mains de la Commission.

Art. 34. — Le Directeur sera gardien des archives. Il a sous sa surveillance la bibliothèque du Séminaire.

Art. 35. — Il y aura un médecin attaché à l'établissement. En cas d'indisposition d'un élève, le Directeur devra en prévenir la Commission et le médecin, et provoquer au besoin la translation du malade à l'infirmerie ou à l'hôpital israélite.

Art. 36. — En cas de maladie du Directeur, il sera pourvu aux nécessités du service par décision et sous la responsabilité de la Commission administrative.

SECTION VI

Des Recettes et Dépenses.

Art. 37. — L'état présumé des recettes et des dépenses générales du Séminaire sera établi au commencement de chaque année scolaire par le Consistoire de Paris, sur la proposition de la Commission administrative.

Aucune dépense non prévue dans cet état ne pourra avoir lieu sans l'autorisation du Consistoire.

Art. 38. — Les recettes de toute nature seront versées par l'intermédiaire de la Commission administrative à la Caisse du Consistoire de Paris. Les dépenses mensuelles seront arrêtées à la fin de chaque mois par la Commission administrative et payées, ainsi que les traitements des professeurs et le salaire des gens de service, par le trésorier du Consistoire, sur un état signé et certifié conforme par le président de la Commission.

Art. 39. — Pour tout ce qui concerne la tenue des registres, la confection des pièces de comptabilité et la régularité des comptes, la Commission administrative fera un Règlement spécial qui sera soumis au Consistoire de Paris et par lui transmis à l'approbation du Consistoire central.

SECTION VII

Ordre intérieur. — Exercices et Récréations. — Mesures de discipline.

Art. 40. — Les élèves prendront leur repas en commun. Le Directeur y assistera.

Art. 41. — La Commission fera un Règlement particulier

pour l'ordre intérieur et le service de l'oratoire. Tous les élèves internes seront tenus d'assister régulièrement aux offices divins; ils seront en tenue les samedis et jours de fête.

Aucune personne autre que le Directeur, les professeurs, les membres de la Commission et des Consistoires ne pourra être admise à l'oratoire, à moins d'une permission spéciale délivrée par la Commission administrative.

Art. 42. — L'emploi du temps des élèves sera réglé ainsi qu'il suit :

Semestre d'été. — Lever à cinq heures du matin; à six heures, réunion à l'oratoire pour la prière; à huit heures, les cours commenceront et dureront jusqu'à onze heures; ils recommenceront à une heure de l'après-midi et dureront jusqu'à quatre heures.

Semestre d'hiver. — Lever à six heures du matin. A sept heures, réunion à l'oratoire pour la prière. Les cours commenceront à huit heures et demie et dureront jusqu'à onze heures et demie; ils recommenceront à une heure de l'après-midi et dureront jusqu'à quatre heures.

En été, le vendredi, les cours auront lieu comme les autres jours; en hiver, ils seront terminés à trois heures du soir.

Art. 43. — Les heures de récréation sont : le matin, une demi-heure après le déjeuner; à midi, une heure après le second déjeuner; le soir, une heure après le dîner.

Pendant ces heures de récréation, les élèves pourront, à leur gré, disposer de leur temps.

En dehors des heures de cours et de récréation, les élèves consacreront leur temps à se préparer pour les cours; ils pourront, à cet effet, se réunir dans la salle d'étude, ou se livrer à leurs travaux dans leurs chambres particulières.

Les élèves devront être couchés à dix heures au plus tard en été, et à onze heures en hiver.

Art. 44. — Il y aura congé les jours de fêtes religieuses et nationales et le dimanche après-midi.

Les élèves jouiront de la faculté de sortir comme il est dit ci-après :

1° Les samedis et jours de fête toute la journée, sauf les heures des offices et des repas. Ils ne pourront accepter d'invitation à dîner, à moins d'une permission spéciale du Directeur.

A l'heure de la prière du soir, tous les élèves devront être rentrés, et ils ne pourront plus sortir après.

2° Le dimanche après l'office de Mincha, qui aura lieu à une heure de l'après-midi, jusqu'à neuf heures du soir.

Art. 45. — En dehors des jours déterminés par l'article précédent, et en cas d'urgence seulement, les élèves qui voudront sortir devront chaque fois en demander la permission au Directeur, en lui faisant connaître le motif de leur sortie. Le Directeur fixera l'heure à laquelle l'élève devra être rentré.

Art. 46. — Le Directeur pourra, sous sa responsabilité, accorder chaque année, une fois seulement, un congé d'un jour entier à un élève; si, par suite de circonstances, le congé se prolongeait plus longtemps, la Commission statuera.

Art. 47. — Les élèves externes seront tenus d'assister régulièrement aux cours. Ils pourront assister aux offices dans l'oratoire du Séminaire. En dehors des heures de cours et de la prière, l'entrée de l'établissement leur est interdite. Ils ne pourront emporter, pour s'en servir à leur domicile, aucun livre appartenant à la bibliothèque du Séminaire.

Art. 48. — Il y aura un Règlement spécial pour le service de la bibliothèque.

Art. 49. — Les cours au Séminaire ne sont pas publics.

Des personnes étrangères pourront être admises à certains cours sur l'autorisation de la Commission.

Les personnes qui voudront visiter l'établissement devront en demander la permission au Directeur, qui les accompagnera ou les fera accompagner.

Les parents ou étrangers qui voudront voir un élève ne pourront être admis qu'aux heures de récréation.

Art. 50. — Outre la peine de l'exclusion, dont il est parlé dans l'article 27 du Règlement général, les mesures disciplinaires suivantes pourront être appliquées aux élèves :

1° La consignation pendant cinq jours au plus dans leur chambre, et l'interdiction de l'entrée à la salle d'étude et au réfectoire. Cette punition pourra être infligée par le Directeur.

2° La réprimande adressée, suivant les cas, par un des professeurs, par le Directeur ou par la Commission administrative.

3° La privation de la faculté de sortir aux jours de congé. Cette punition sera infligée par le Directeur si elle ne doit durer qu'un jour, et par la Commission si elle doit durer plusieurs jours.

Il sera tenu note des différentes punitions encourues par les élèves.

Art. 51. — Les élèves, après leur troisième année, prononceront des sermons dans l'oratoire du Séminaire. La Commission fera à ce sujet un Règlement particulier qui sera soumis à l'approbation du Consistoire central.

Des personnes étrangères à l'établissement pourront assister à ces exercices oratoires, sur l'autorisation ou l'invitation de la Commission administrative.

Art. 52. — Les élèves qui ne voudront pas quitter le Séminaire pendant les vacances seront libres d'y demeurer ; ils disposeront de leur temps comme ils le jugeront convenable, en restant toutefois sous les ordres du Directeur et en se conformant à l'ordre intérieur de l'établissement. Ils seront tenus aussi de se trouver dans l'oratoire aux heures de la prière, à moins d'une permission spéciale du Directeur.

Vu, approuvé et rendu exécutoire :

Paris, le 1er décembre 1860.

Le Ministre de l'instruction publique et des cultes,
Signé ROULAND.

DÉCRET *du 16 janvier 1860, créant un rabbinat à Avignon.*

NAPOLÉON, etc.,

Sur le rapport de notre Ministre Secrétaire d'État au département de l'instruction publique et des cultes ;

Vu la demande formée par le Consistoire central des Israélites, à l'effet d'obtenir la création d'un rabbinat à Avignon (Vaucluse), circonscription de Marseille (Bouches-du-Rhône) ;

Vu les délibérations des Conseils municipaux d'Avignon, de Carpentras, d'Orange, de l'Isle et de Cavaillon ;

Vu les tableaux de population israélite des communautés désignées pour être comprises dans le ressort du nouveau rabbinat ;

Vu la loi du 18 juillet 1837 ;

Vu l'Ordonnance du 25 mai 1844 ;

Avons décrété et décrétons ce qui suit :

Art. 1er. — Il y aura un Rabbin à Avignon (Vaucluse), circonscription israélite de Marseille (Bouches-du-Rhône).

Art. 2. — La circonscription du rabbinat comprendra les communes d'Avignon, de Carpentras, d'Orange, de l'Isle et de Cavaillon.

Art. 3. — Le traitement du Rabbin d'Avignon est fixé à 1,200 fr.

Art. 4. — Notre Ministre Secrétaire d'État au département de l'instruction publique et des cultes est chargé de l'exécution du présent Décret.

Fait au Palais des Tuileries, le 16 janvier 1860.

Signé NAPOLÉON.

ARRÊTÉ MINISTÉRIEL du 1er février 1860, créant une place de ministre officiant à Delme.

Le Ministre Secrétaire d'État au département de l'instruction publique et des cultes,

Vu la demande du Consistoire de la circonscription israélite de Nancy, tendant à obtenir un traitement pour le ministre officiant près la synagogue de Delme (Meurthe);

Vu l'avis du Consistoire central des Israélites;

Vu l'avis du préfet de la Meurthe et celui du maire de Delme;

Vu le tableau de population israélite de cette commune;

Vu l'Ordonnance royale du 25 mai 1844;

Vu le budget des cultes pour l'exercice 1860;

Arrête :

Art. 1er. — Il y aura dans la commune de Delme (Meurthe), un ministre officiant du culte israélite rétribué sur les fonds de l'État.

Art. 2. — Le traitement de ce ministre officiant est fixé à 600 fr.

Paris, le 1er février 1860.

Signé ROULAND.

DÉCRET *du 1ᵉʳ février 1860, créant une place de ministre officiant à Montbéliard.*

Le Ministre Secrétaire d'État au département de l'instruction publique et des cultes,

Vu la demande du Consistoire de la circonscription israélite de Lyon tendant à obtenir, sur les fonds de l'État, un traitement pour le ministre officiant près la synagogue de Montbéliard (Doubs);

Vu l'avis du Consistoire central israélite;

Vu la délibération du Conseil municipal de Montbéliard;

Vu l'avis de M. le Préfet du Doubs;

Vu l'Ordonnance royale du 25 mai 1844;

Vu le budget des cultes pour l'exercice 1860;

Arrête :

Art. 1ᵉʳ. — Il y aura dans la ville de Montbéliard (Doubs) un ministre officiant du culte israélite rétribué sur les fonds de l'État.

Art. 2. — Le traitement de ce ministre officiant est fixé à 600 fr.

Paris, le 1ᵉʳ février 1860.

Signé ROULAND.

ARRÊTÉ MINISTÉRIEL *du 1ᵉʳ février 1860, créant un rabbinat à Saint-Étienne.*

NAPOLÉON, etc.,

Vu la demande formée par le Consistoire central des Israélites, à l'effet d'obtenir un rabbinat à Saint-Étienne (Loire), circonscription israélite de Lyon (Rhône);

Vu la délibération du Conseil municipal de Saint-Étienne en date du 11 octobre 1859;

Vu la délibération du Consistoire de Lyon;

Vu l'avis du préfet de la Loire;

Vu le tableau de la population israélite de la ville de Saint-Étienne;

Vu la loi du 18 juillet 1837;

Vu l'Ordonnance du 25 mai 1844;

Vu le budget des cultes pour l'exercice 1860;

Avons décrété et décrétons ce qui suit :

Art. 1er. — Il y aura un Rabbin à Saint-Étienne (Loire), circonscription israélite de Lyon (Rhône).

Art. 2. — Le traitement de ce Rabbin est fixé à 1,200 fr.

Art. 3. — Notre Ministre Secrétaire d'État au département de l'instruction publique et des cultes est chargé de l'exécution du présent Décret.

Fait au Palais des Tuileries, le 1er février 1860.

Signé NAPOLÉON.

RÈGLEMENT du 21 mars 1861. — Caisse de Secours aux Rabbins, instituteurs, ministres officiants.

La CAISSE DE SECOURS, placée sous le haut patronage du Consistoire central, a, comme son titre l'indique, pour but de fournir des secours aux Rabbins, ministres officiants et instituteurs infirmes ou devenus incapables, à leurs veuves, à leurs enfants, et, en général, à tous les serviteurs du culte que leur âge, leur santé ou l'insuffisance de leurs moyens rendent dignes d'intérêt.

Art. 1er. — Les ressources de la CAISSE DE SECOURS se composent de fonds provenant d'un versement annuel de cinquante centimes par individu majeur des deux sexes.

Art. 2. — Tous les ans, à une époque fixée par le Consistoire départemental, les Commissaires près les temples préviendront les fidèles que la souscription est ouverte et qu'ils aient à verser en leurs mains la somme de cinquante centimes.

Art. 3. — Quinze jours avant cette époque, les Commissaires dresseront une liste nominative de tous les individus majeurs des deux sexes appelés à prendre part à la souscription.

Art. 4. — Cette liste sera arrêtée par le Consistoire départemental, qui la visera pour en autoriser la rentrée.

Art. 5. — Dans le délai de deux mois, les Commissaires, qui auront eu le soin de tenir un registre nominatif de leurs recouvrements, verseront au Consistoire départemental les fonds recueillis, accompagnés d'un bordereau indiquant les noms des personnes qui se seront acquittées, lesquels noms seront affichés à la porte des temples avec l'attache du Consistoire central.

Art. 6. — Ces fonds seront, immédiatement après vérification, adressés à Paris par telle voie que le Consistoire départemental jugera à propos, mais sous sa responsabilité, au Trésorier désigné par le Consistoire central, qui renverra en retour un récépissé extrait d'un livre à souche, lequel récépissé servira de décharge au Consistoire départemental.

Art. 7. — Les fonds restant à recueillir pour l'année continueront à être reçus par les Commissaires, qui les verseront au Consistoire départemental aux époques que cette Administration fixera et dans les mêmes formes que les premières.

Toutefois, au bout de six mois, les noms des personnes en retard seront envoyés au Consistoire, afin de rendre possible le contrôle du travail des Commissaires.

Art. 8. — Les sommes adressées au Consistoire central seront immédiatement remises au Trésorier qu'il aura choisi, et qui pourra être pris en dehors de son sein, pour être par lui placées en rentes sur l'État ou en obligations de Chemins de fer français.

Art. 9. — Toutes les fois que l'état de la Caisse indiquera un solde au-dessus de 1,500 fr., les deux tiers de cette somme seront employés comme l'indique l'article précédent, après l'autorisation écrite de l'un des membres du Consistoire central, délégué pour indiquer le mode de placement préférable.

L'autre tiers, soit 500 fr., sera versé en compte courant chez un banquier désigné par le Consistoire central, pour être tenu à la disposition des besoins du moment.

Art. 10. — Toutefois, et jusqu'à ce que le revenu soit au moins de 20,000 fr. par an, le tiers des sommes recueillies sera distribué dans l'année comme il est dit à l'article 12.

Art. 11. — Quand le revenu annuel constitué dépassera 20,000 fr., la moitié des sommes recueillies pourra être distribuée conformément aux dispositions suivantes :

Art. 12. — Chaque année, avant l'hiver, les Consistoires départementaux adresseront au Consistoire central les demandes de secours, avec les pièces à l'appui. Le Consistoire central réunira toutes ces listes, discutera en Commission les titres des postulants et distribuera les fonds libres, au moyen de mandats dressés par le Trésorier et visés par un membre délégué, d'après la liste définitive arrêtée par la Commission.

Art. 13. — Les Grands Rabbins départementaux et les Rabbins communaux feront, tous les ans, un sermon de charité en faveur de la CAISSE DE L'ŒUVRE. Ce sermon sera suivi de la récitation d'un *Kaddisch* au nom des souscripteurs de la circonscription décédés dans le courant de l'année.

Art. 14. — La Caisse pourra recevoir des dons et accepter des legs.

Art. 15. — Le Consistoire central publiera, tous les ans, un compte rendu des opérations de la Caisse et l'adressera à tous les Consistoires départementaux.

Art. 16. — Le Consistoire central se réserve d'apporter au présent Règlement telles modifications dont les circonstances démontreraient l'utilité, toutefois après avoir pris l'avis des Consistoires départementaux.

Fait et délibéré en séance consistoriale, le 21 mars 1861.

Ont signé : Les Membres du Consistoire central.

DÉCRET *du 1ᵉʳ avril 1861, annexant le département des Alpes-Maritimes à la circonscription consistoriale de Marseille.*

NAPOLÉON, etc.,

Vu la demande formée le 28 septembre 1860 par le Consistoire central des Israélites, à l'effet d'obtenir que la communauté israélite de Nice soit placée sous l'administration du Consistoire de Marseille ;

Vu l'état de la population israélite de Nice ;

Vu l'avis du préfet des Alpes-Maritimes, en date du 12 mars 1861 ;

Vu l'Ordonnance royale du 25 mai 1844 ;

Avons décrété et décrétons ce qui suit :

Art. 1ᵉʳ. — Le département des Alpes-Maritimes est annexé à la circonscription israélite de Marseille (Bouches-du-Rhône).

Art. 2. — Notre Ministre Secrétaire d'État au département de l'instruction publique et des cultes est chargé de l'exécution du présent Décret.

Fait au Palais des Tuileries, le 1ᵉʳ avril 1861.

Signé NAPOLÉON.

DÉCRET *des 10 juillet-9 août 1861, conférant les droits de personne civile aux Consistoires israélites de l'Algérie.*

Vu l'Ordonnance du 9 novembre 1845 sur l'organisation du culte israélite en Algérie ;

Art. 1er. — Les Consistoires israélites établis ou à établir en Algérie sont appelés à exercer les droits inhérents à la qualité de personne civile, en se conformant aux règles tracées par la législation relative à la réorganisation du culte israélite dans la métropole, et spécialement par l'article 64 de l'Ordonnance du 25 mai 1844.

DÉCRET *des 4 août-23 décembre 1861.* — *Remise gratuite aux Consistoires israélites de l'Algérie des immeubles domaniaux affectés au culte.*

Vu notre Décret du 10 juillet 1861 ;

Art. 1er. — Les édifices et bâtiments domaniaux actuellement affectés au culte mosaïque en Algérie sont concédés aux Consistoires israélites à titre gratuit et en pleine propriété.

Art. 2. — La remise de la propriété desdits bâtiments sera faite aux Présidents des Consistoires par les agents de l'Administration de l'Enregistrement et des Domaines, en vertu d'arrêtés pris par le Gouverneur général, sur la proposition des généraux commandant la division ou des préfets, suivant le territoire.

Art. 3. — Pendant cinq ans, l'État se réserve de reprendre parmi les édifices actuellement occupés ceux qu'il jugerait convenables, à la charge de donner en échange d'autres bâtiments domaniaux susceptibles de recevoir la même destination. Les concessions ainsi faites à titre d'échange auront lieu en vertu de Décrets rendus sur le rapport de notre Ministre de la guerre et sur la proposition du Gouverneur général.

DÉCRET *du 4 août 1862, créant une place de Rabbin à Nice.*

NAPOLÉON, etc.,

Sur le rapport de notre Ministre Secrétaire d'État au département de l'instruction publique et des cultes,

La Section de l'Intérieur, de l'Instruction publique et des Cultes de notre Conseil d'État entendue,

Avons décrété et décrétons ce qui suit :

Art. 1er. — Il y aura un Rabbin à Nice (Alpes-Maritimes), circonscription israélite de Marseille (Bouches-du-Rhône).

Art. 2. — Le traitement de ce Rabbin est fixé à 1,500 fr.

Art. 3. — Notre Ministre Secrétaire d'État au département de l'instruction publique et des cultes est chargé de l'exécution du présent Décret.

Vichy, le 4 août 1862.

Signé NAPOLÉON.

DÉCRET du 29 août 1862, modifiant l'organisation du culte israélite en France et attribuant au Consistoire central la haute surveillance du culte israélite en Algérie.

NAPOLÉON, etc.,

Sur le rapport de notre Ministre Secrétaire d'État au département de l'instruction publique et des cultes ;

Vu les Décrets des 17 mars et 11 décembre 1808, et le Règlement du 10 décembre 1806, y annexé ;

Vu la loi du 8 février 1831 ;

Vu les Ordonnances royales du 25 mai 1844 et du 9 novembre 1845 ;

Vu les Décrets des 15 juin 1850 et 9 juillet 1853 ;

Vu les propositions du Consistoire central et les observations des Consistoires départementaux ;

Notre Conseil d'État entendu,

Avons décrété et décrétons ce qui suit :

Art. 1er. — Dans les communautés israélites desservies par un ministre officiant rétribué sur les fonds de l'État, il peut être établi, par arrêté de notre Ministre, sur la proposition du Consistoire central, un Sous-Rabbin à la place du ministre officiant.

Art. 2. — Les Sous-Rabbins doivent être âgés de vingt-cinq ans au moins.

Ils sont nommés par les Consistoires départementaux.

Les conditions d'étude pour le titre de Sous-Rabbin, les fonctions et les attributions des Sous-Rabbins sont réglées par

le Consistoire central, sous l'approbation de notre Ministre
des cultes.

Les règles de discipline établies pour les ministres officiants
sont applicables aux Sous-Rabbins.

Il peut leur être accordé des dispenses d'âge.

Art. 3. — Les diplômes du premier degré, pour l'exercice
des fonctions rabbiniques, sont, comme les diplômes supé-
rieurs ou du second degré, délivrés par le Consistoire central.

Art. 4. — La durée des fonctions des membres des Consistoires départementaux est de huit ans, comme celle des membres du Consistoire central.

Le renouvellement a lieu par moitié tous les quatre ans.

Les membres sortants peuvent être réélus.

Le Consistoire départemental nomme pour quatre ans son
Président et son Vice-président.

Art. 5. — Dans chaque circonscription consistoriale, les
membres laïques du Consistoire départemental, le membre
laïque du Consistoire central et les deux délégués pour l'élection du Grand Rabbin du Consistoire central sont élus par
tous les israélites âgés de vingt-cinq ans accomplis et qui appartiennent à l'une des catégories suivantes :

1° Ceux qui exercent des fonctions relatives au culte ou qui
sont attachés, soit à titre d'administrateurs, soit à titre de
souscripteurs annuels, aux établissements placés sous l'autorité des Consistoires ;

2° Les fonctionnaires de l'ordre administratif, ceux de l'ordre
judiciaire, les professeurs ou instituteurs dans les établissements et écoles fondés par l'État, par les communes ou par
les Consistoires, et tout israélite pourvu d'un diplôme obtenu
dans les formes établies par les lois et Règlements ;

3° Les membres des Conseils généraux, des Conseils d'arrondissement et des Conseils municipaux ;

4° Les officiers de terre et de mer en activité et en retraite ;

5° Les sous-officiers, les soldats et les marins membres de
la Légion d'honneur ou décorés de la médaille militaire ;

6° Les membres des Chambres de commerce et ceux qui font
partie de la liste des notables commerçants ;

7° Les titulaires d'offices ministériels ;

8° Les étrangers résidant dans la circonscription depuis trois ans et compris dans l'une des catégories ci-dessus, sans que, toutefois, la qualité d'électeur leur confère l'éligibilité.

Art. 6. — La liste des électeurs est dressée par le Consistoire départemental et arrêtée par le préfet.

Art. 7. — Dans chaque communauté, il est procédé, par les soins du Commissaire-Administrateur ou de la Commission administrative, à la formation de la liste partielle, comprenant tous les électeurs israélites de la circonscription.

Les électeurs israélites habitant dans des communes qui ne feraient point partie du ressort d'un Rabbin ou d'un ministre officiant se font inscrire sur la liste dressée dans la communauté la plus voisine de leur domicile.

Les listes partielles sont affichées pendant un mois au parvis du temple.

A l'expiration du délai porté au paragraphe précédent, les listes partielles et les réclamations auxquelles elles ont donné lieu sont adressées au Consistoire départemental.

Il sera procédé sur le tout selon ce qui est prescrit dans l'article 29 de l'Ordonnance du 25 mai 1844.

Art. 8. — La liste des électeurs est permanente.

Elle est révisée tous les quatre ans.

Néanmoins, lorsque, dans l'intervalle d'une révision à l'autre, il y a lieu de faire une nomination, le Consistoire ajoute à la liste les israélites qu'il reconnaît avoir acquis les qualités requises, et il en retranche ceux qui les ont perdues.

Le tableau des additions et des retranchements est affiché au temple du chef-lieu consistorial, un mois avant la convocation de l'assemblée des électeurs; il est en même temps adressé au préfet.

Les demandes en inscription ou en radiation doivent être formulées dans les dix jours, à compter du jour de l'affiche.

Art. 9. — Les Grands Rabbins des Consistoires départementaux sont nommés par le Consistoire central, sur une liste de trois Rabbins présentés par le Consistoire départemental.

La nomination est soumise à notre agrément.

Art. 10. — Nul ne peut exercer les fonctions de mohel et de schochet s'il n'a obtenu une autorisation spéciale du Consistoire de la circonscription, accordée sur l'avis conforme du Grand Rabbin. En outre, le mohel doit être pourvu d'un certificat délivré par un docteur en médecine ou en chirurgie désigné par le préfet, et constatant que l'impétrant offre, au point de vue de la santé publique, toutes les garanties nécessaires.

Le schochet doit, dans toute commune où il veut exercer ses fonctions, faire viser par le maire l'autorisation à lui donnée par le Consistoire départemental.

Les autorisations peuvent être révoquées.

Art. 11. — Les attributions du Consistoire central, telles qu'elles sont réglées par l'Ordonnance de 1844 et le présent Décret, comprennent la haute surveillance du culte israélite en Algérie.

Le Consistoire central devient l'intermédiaire entre le Ministre des cultes et le Consistoire algérien, qui sera représenté dans son sein par un membre laïque choisi parmi les électeurs résidant à Paris et agréé par nous.

Art. 12. — Continueront à être observés, dans toutes les dispositions qui ne sont pas contraires au présent Décret, les Ordonnances du 25 mai 1844 et du 9 novembre 1845, et nos Décrets des 15 juin 1850 et 9 juillet 1853.

Art. 13. — Notre Ministre Secrétaire d'État au département de l'instruction publique et des cultes est chargé de l'exécution du présent Décret, qui sera inséré au *Bulletin des Lois*.

Fait au Palais de Saint-Cloud, le 29 août 1862.

Signé NAPOLÉON.

DÉCRET *du 7 septembre 1862, créant un rabbinat*
à Châlons-sur-Marne.

NAPOLÉON, etc.,

Vu la demande formée par le Consistoire de la circonscription israélite de Paris, à l'effet d'obtenir la création d'un rabbinat à Châlons (Marne) ;

Vu le tableau de la population israélite de la communauté ;

Vu les délibérations des Conseils municipaux des communes de Châlons, Reims, Vitry et Épernay ;

Vu les avis du Consistoire central des Israélites et celui de M. le Préfet de la Marne ;

Vu la loi du 18 juillet 1837 ;

Vu l'Ordonnance du 25 mai 1844 ;

Avons décrété et décrétons ce qui suit :

Art. 1er. — Il y aura un Rabbin à Châlons (Marne), circonscription israélite de Paris.

Art. 2. — La circonscription du rabbinat comprendra les communes de Châlons, de Reims, de Vitry et d'Épernay.

Art. 3. — Le traitement du Rabbin de Châlons est fixé à 1,200 fr. et commence à partir du 1er janvier 1864.

Art. 4. — Notre Ministre Secrétaire d'État au département de l'instruction publique et des cultes est chargé de l'exécution du présent Décret.

Fait à Biarritz, le 7 septembre 1862.

Signé NAPOLÉON.

INSTRUCTIONS du Consistoire central des 13 octobre 1862, 20 novembre 1862, au sujet du Décret du 29 août 1862.

Paris, le 13 octobre 1862.

Messieurs,

Ainsi que nous l'avons fait pressentir par notre lettre du 16 septembre dernier, le Décret du 29 août, qui modifie le corps électoral et qui fixe à huit ans la durée des fonctions des membres des Consistoires départementaux, va nécessiter le renouvellement intégral de tous les membres des Consistoires départementaux, ainsi que du Consistoire central.

En conséquence, nous vous invitons de nouveau à dresser sans délai les nouvelles listes électorales et à faire en sorte qu'elles puissent être affichées aux parvis des temples pendant le mois de novembre prochain, afin de satisfaire aux prescriptions du paragraphe 3 de l'article 7 du Décret précité. Vous ferez procéder dans le courant de décembre à l'élection de six membres du Consistoire départemental et d'un membre du Consistoire central.

Plusieurs Consistoires nous ayant demandé des explications sur le paragraphe 1er de l'article 5 du Décret, nous avons pensé qu'il convient de l'interpréter dans le sens le plus large. En conséquence, nous avons décidé d'admettre dans le corps électoral les catégories suivantes :

1° A titre de fonctionnaires du culte :

Les Rabbins communaux, les Sous-Rabbins, et même les élèves sortis du Séminaire israélite avec leur diplôme et qui ne sont pas encore placés; les ministres officiants salariés et non salariés par l'État; les chefs de chœur et tous les employés des temples qui ont été chargés ou autorisés par l'Administration des temples d'officier les jours de la semaine, ou temporairement pendant les jours de fête;

2° A titre d'administrateurs :

Les membres des Commissions administratives des temples, les membres de la Commission administrative du Séminaire israélite, les membres des Commissions des Sociétés de bienfaisance et établissements religieux relevant directement des Consistoires; les secrétaires desdites Administrations, des Sociétés de bienfaisance et établissements religieux;

3° A titre de contribuables :

Les souscripteurs annuels aux établissements religieux ou de bienfaisance placés sous l'autorité des Consistoires, à l'exclusion des Sociétés de secours mutuels.

Agréez, Messieurs, l'assurance de notre considération très distinguée.

Ont signé : Les Membres du Consistoire central.

Paris, le 20 novembre 1862.

Messieurs,

Nous sommes informés qu'il est resté des doutes à quelques-uns de nos Consistoires sur le sens des instructions que, par notre circulaire du 13 octobre, nous avons données sur le paragraphe 1er de l'article 5 du Décret du 29 août dernier. On a hésité notamment sur la question de savoir si les locataires de places dans les temples sont électeurs, et si, par les mots *à l'exclusion des Sociétés de secours mutuels,* on a voulu exclure du droit électoral toutes les Hebroth en général.

Quant au premier point, il ne peut y avoir aucun doute sur le droit des locataires des places dans les temples. Ils doivent être considérés comme souscripteurs à un établissement religieux, et à ce titre, ils doivent être inscrits sur la liste électorale.

En ce qui concerne les *Hebroth,* nous n'avons voulu exclure que celles qui ont uniquement pour but l'*assistance mutuelle*

4

de leurs membres. Si pourtant, parmi ces Sociétés de secours mutuels, il s'en trouve qui consacrent annuellement une certaine somme à la caisse de la communauté, pour les besoins généraux du culte, leurs membres acquièrent par là le droit électoral, à titre de contribuables. Il va sans dire que les confréries ou Hebroth qui ont un but purement religieux ou de bienfaisance, et qui sont approuvées par les Consistoires, confèrent à leurs membres le droit électoral.

En général, nous l'avons dit dans notre circulaire, il faut interpréter le Décret dans le sens le plus large. Tous ceux qui, d'une manière quelconque, font acte de judaïsme et interviennent soit moralement, soit par des sacrifices d'argent dans les affaires de notre culte, jouiront du droit électoral. Nous n'avons voulu exclure que ceux qui se placent entièrement en dehors de la communauté et refusent toute participation à ses intérêts, ainsi que les indigents qui reçoivent des secours de nos Comités de bienfaisance, et dont les votes peuvent souvent ne pas être désintéressés ; mais tout intérêt fiscal était loin de notre pensée.

L'interprétation libérale du Décret du 29 août, nous l'avons puisée dans la discussion même qui a eu lieu dans le sein de la Commission nommée par M. le Ministre pour préparer ce Décret. Plusieurs membres du Consistoire central faisaient partie de cette Commission, et les impressions qui leur sont restées de la discussion ne nous permettent pas d'expliquer le Décret autrement que dans le sens le plus large et le plus libéral.

Agréez, Messieurs, l'assurance de notre considération très distinguée.

Ont signé : Les Membres du Consistoire central.

DÉPÊCHE *du Consistoire central aux Consistoires départementaux, en date du 27 octobre 1862, au sujet d'un vœu exprimé par les Consistoires de l'Est, réunis à Strasbourg en mars 1862.*

Paris, le 27 octobre 1862.

Messieurs,

Les Consistoires de l'Est, qui, avec l'autorisation du Ministre des cultes, se sont réunis à Strasbourg au mois de mars dernier, nous ont transmis le procès-verbal de leurs séances, en y joignant, sous forme d'annexe, l'expression de quelques vœux, parmi lesquels figure le désir de voir publier par le Consistoire central l'exposé de ses travaux.

Ce vœu nous aurait paru facile à accueillir, s'il devait produire quelques résultats importants, mais vous connaissez tous, Messieurs, l'article 10 du Règlement d'organisation en date de mai 1844, qui fait consister l'action du Consistoire central à être l'intermédiaire entre le Ministre des cultes et les Consistoires départementaux, et à être chargé de la haute surveillance des intérêts du culte. Le reste de ses attributions est simplement réglementaire et ne peut donner lieu à aucune communication intéressante.

Toutefois, le Consistoire central, en ne faisant remonter son administration qu'à la date du 24 mai 1844, se plaît à dire qu'il a été appelé à organiser le culte en Algérie, tel qu'il se comporte encore aujourd'hui au moment où le Décret du 29 août dernier le place définitivement sous notre haute surveillance.

En janvier 1846, nous avons fait créer le Consistoire de Bayonne.

Dans la même année, nous avons obtenu l'admission des ministres de notre culte dans les hôpitaux militaires.

La question suisse est une de celles qui nous a préoccupés davantage ; plus elle était difficile à traiter, et plus il a fallu de soins et de ménagements pour arriver au point où elle se dessine aujourd'hui, et à ce sujet, nous allons, en peu de mots, en faire connaître le nœud à ceux de nos coreligionnaires qui auraient pu douter, soit de l'activité avec laquelle le Consistoire central aurait poursuivi cette grave affaire, soit de la bienveillante sollicitude de l'autorité.

En 1827, le Gouvernement fit un traité avec la Suisse, et, par suite d'un article qui devait rester secret, les israélites furent exclus des avantages réciproques qui y sont attachés. Les plaintes de nos coreligionnaires ne tardèrent pas à se manifester, mais comme ce malheureux traité n'avait point de durée stipulée, on ne pouvait attendre son expiration pour faire annuler l'exception blessante qui nous frappait, et à toutes nos réclamations, il était imperturbablement répondu que la France ne pouvait être mieux traitée que la nation la plus favorisée, que les cantons étaient maîtres chez eux, et que la loi rigoureuse dont nous nous plaignions étant celle qui régissait les cantons eux-mêmes, il n'y avait pas lieu d'accorder à la France une modification au traité que les cantons se refusaient entre eux.

Que faire en présence d'une pareille persistance, si ce n'était de continuer à entretenir le Gouvernement de nos justes réclamations, de l'informer très exactement de la marche des esprits en Suisse et de l'inviter à saisir toutes les occasions qui viendraient à s'offrir pour amener les différents cantons à se rallier à la raison du siècle.

Ce système a produit ses fruits; les instances de l'autorité, parfaitement secondée par ses agents en Suisse, ont fini par faire revenir la plupart des cantons d'un état de choses si peu en harmonie avec les idées de notre époque.

En 1857, le Gouvernement, toujours sur nos demandes, créa le Consistoire de Lyon.

Depuis longtemps, nous étions frappés des avantages immenses qui devaient résulter de la translation à Paris de l'École rabbinique. Nous n'avons jamais cessé de rendre justice aux différentes Administrations religieuses de Metz pour les soins qu'elles avaient donnés à cette institution; mais la capitale offrant naturellement les puissantes ressources que la province ne possède point, nous avons dû faire tous nos efforts pour faire réussir ce projet, auquel nous attachions la plus haute importance. Nous nous hâtons d'ajouter que l'Administration des cultes a été vivement impressionnée des résultats que, dans un temps donné, devait produire cette translation, qu'elle a favorisée par tous les moyens qu'elle avait à sa disposition, et aujourd'hui, le Séminaire, parfaitement installé, s'occupe avec autant de soins que d'intelligence de doter le rabbinat français de pasteurs qui, par leur zèle, leur moralité et leur savoir, pourront rivaliser sans désavantage avec les ministres des autres cultes reconnus en France.

Il est un autre point que nous sommes heureux de mettre en lumière, c'est notre attitude à l'égard de la presse, parce que quelques esprits plus ardents que prudents auraient voulu, en certaines circonstances, appeler les sévérités de la justice sur des énonciations qui, souvent, n'avaient que l'apparence de l'intolérance.

Nous n'avons pas toujours partagé cette susceptibilité, soit que nous fussions mieux placés pour juger la gravité des actes, soit que des démarches faites à propos nous semblassent nous mieux faire arriver au but que nous voulions atteindre. Nous avons plusieurs fois résisté aux instances qui nous engageaient d'entrer en lice.

Et à cette occasion, nous vous ferons remarquer, Messieurs, que les journaux judiciaires qui nous importent le plus ont depuis longtemps cessé de désigner par leur qualité religieuse les prévenus ou les condamnés de notre culte. Les rédacteurs de ces journaux ont facilement compris la justesse de nos réclamations et se sont depuis abstenus d'une désignation qui était plutôt le fruit d'une habitude que le résultat d'une intention malveillante.

Émus comme nous l'étions de la situation précaire où se trouvaient les Ministres de notre culte, nous n'avons cessé de solliciter une amélioration justifiée par des motifs qu'une Administration toujours bienveillante a secondée autant qu'elle l'a pu; aussi notre budget, qui était fixé à l'époque qui nous sert de point de départ à 110,400 fr., se monte, en 1862, y compris l'Algérie, à la somme de 207,400 fr.

L'esprit de paix et de concorde n'ayant pas encore produit partout les résultats que nous sommes en droit d'en attendre, nous avons dû, plus d'une fois, intervenir entre des opinions contraires. Nous avons la satisfaction de dire que nous avons été assez heureux pour dissiper ces légers nuages, en faisant également droit au respect qui est dû à l'autorité religieuse des ministres de notre culte et aux légitimes attributions de nos Administrations consistoriales.

Il est encore deux points qui nous occupent particulièrement, et sur lesquels, Messieurs, nous appelons toute votre sollicitude et vos lumières.

Le premier est relatif à l'établissement d'une colonie pénitentiaire, destinée à moraliser nos jeunes détenus; l'épreuve faite dans les autres cultes a donné les résultats les plus satisfaisants, et c'est avec un profond regret que nous voyons nos projets ajournés par des motifs financiers que nous ne sommes point en mesure de satisfaire, mais nous espérons que lorsque ce sujet si intéressant sera parvenu à faire sentir son utilité dans les masses, nous y trouverons un concours indispensable au succès.

Il en est de même de la création d'un établissement consacré à faire prendre à nos jeunes coreligionnaires le goût de l'agriculture. Nous voudrions les pousser dans cette voie, qui aurait le double avantage de les faire sortir des habitudes d'un commerce qui n'est pas toujours en rapport avec les exigences de notre époque, et ensuite, de les initier à cette grande existence agricole dont l'Écriture nous a laissé un si magnifique tableau, et qui conduirait les générations qui nous suivent, non seulement à la fortune, mais, ce qui vaut encore mieux, à la considération publique.

Nous ne terminerons point ce rapide exposé, Messieurs, sans ajouter un mot relatif à la création de la Caisse de Secours sur l'établissement de laquelle nous ne cesserons d'appeler votre bienveillant concours, parce que nous sommes persuadés que nous y trouverons un moyen puissant de faire beaucoup de bien, de consoler beaucoup de douleurs, et de remplir aussi une des prescriptions les plus saintes de notre divine religion.

Agréez, Messieurs, l'assurance de notre considération très distinguée.

Ont signé : Les Membres du Consistoire central.

DÉCRET IMPÉRIAL *du 30 juillet 1863, concernant les legs au profit des communes, des pauvres, des établissements publics ou d'utilité publique, des associations religieuses.*

NAPOLÉON, etc.,

Sur le rapport de notre Ministre Secrétaire d'État au département de l'intérieur ;

Vu l'Ordonnance royale du 2 avril 1817 ;

Vu l'avis de notre Ministre de l'instruction publique et des cultes du 24 février 1863 ;

Notre Conseil d'État entendu,

Avons décrété et décrétons ce qui suit :

Art. 1er. — Tout notaire dépositaire d'un testament contenant un ou plusieurs legs au profit des communes, des pauvres, des établissements publics ou d'utilité publique, des associations religieuses et des titulaires énumérés dans l'article 2 de l'Ordonnance royale du 2 avril 1817, devra transmettre au préfet du département, sans délai, après l'ouverture du testament, un état sommaire de l'ensemble des dispositions de cette nature insérées au testament, indépendamment de l'avis qu'il est tenu de donner aux légataires, en exécution de l'article 5 de l'Ordonnance précitée.

Art. 2. — Nos Ministres Secrétaires d'État aux départements de l'intérieur et de la justice et des cultes sont chargés de l'exécution du présent Décret, qui sera inséré au *Bulletin des Lois*.

Fait à Vichy, le 30 juillet 1863.

Signé NAPOLÉON.

DÉCRET *du 28 septembre 1863, créant un rabbinat à Toul.*

NAPOLÉON, etc.,

Vu la demande formée par le Consistoire de la circonscription israélite de Nancy (Meurthe), à l'effet d'obtenir la création d'un rabbinat à Toul ;

Vu le tableau de la population israélite de la communauté ;

Vu les délibérations des Conseils municipaux des communautés intéressées ;

Vu l'avis du Consistoire central des Israélites et celui de M. le Préfet de la Meurthe ;

Vu la loi du 18 juillet 1837 ;

Vu l'Ordonnance du 25 mai 1844 et le Décret du 29 août 1862 ;

Avons décrété et décrétons ce qui suit :

Art. 1er. — Il y aura un Rabbin à Toul (Meurthe), circonscription israélite de Nancy.

Art. 2. — La circonscription du rabbinat comprendra les communes de Toul, Thiaucourt, Blénod-lès-Toul, Ecrouves, Arrainville.

Art. 3. — Le traitement du Rabbin de Toul est fixé à 1,200 fr. et courra à partir du 1er janvier 1864.

Art. 4. — Notre Garde des sceaux Ministre Secrétaire d'État au département de la justice et des cultes est chargé de l'exécution du présent Décret.

Fait à Biarritz, le 28 septembre 1863.

Signé NAPOLÉON.

DÉCRET *du 1ᵉʳ août 1864, qui convertit en rabbinat la place de ministre officiant près le temple israélite de Besançon.*

NAPOLÉON, etc.,

Vu la demande formée par le Consistoire de la circonscription israélite de Lyon (Rhône), à l'effet d'obtenir la création d'un rabbinat à Besançon ;

Vu le tableau de la population israélite de la communauté ;

Vu la délibération du Conseil municipal de Besançon ;

Vu l'avis du Consistoire central des Israélites et celui de M. le Préfet du Doubs ;

Vu la loi du 18 juillet 1837 ;

Vu l'Ordonnance du 25 mai 1844 et le Décret du 29 août 1862 ;

Avons décrété et décrétons ce qui suit :

Art. 1ᵉʳ. — La place de ministre officiant de Besançon (Doubs) est convertie en rabbinat.

Art. 2. — Le traitement du Rabbin de Besançon est fixé à 1,400 fr. et courra à partir du 1ᵉʳ janvier 1865.

Art. 3. — Notre Garde des sceaux Ministre Secrétaire d'État au département de la justice et des cultes est chargé de l'exécution du présent Décret.

Fait à Vichy, le 1ᵉʳ août 1864.

Signé NAPOLÉON.

DÉCRET *du 31 mars 1865, qui crée une place de ministre officiant à Uffhein.*

Le Garde des sceaux Ministre Secrétaire d'État au département de la justice et des cultes,

Vu la demande du Consistoire de la circonscription israélite de Colmar, tendant à obtenir la création d'une place de ministre officiant à Uffhein (Haut-Rhin) ;

Vu l'avis du Consistoire central des Israélites ;

Vu l'avis du préfet du Haut-Rhin ;

Vu le tableau de la population israélite de la commune ;

Vu l'Ordonnance royale du 25 mai 1844 et le Décret du 29 août 1862 ;

Vu le budget des cultes pour l'exercice 1865 ;

Arrête :

Art. 1er. — Il y aura dans la commune d'Uffhein (Haut-Rhin) un ministre officiant du culte israélite rétribué sur les fonds de l'État.

Art. 2. — Le traitement de ce ministre officiant est fixé à 600 fr.

Paris, le 31 mars 1865.

Signé J. BAROCHE.

ARRÊTÉ MINISTÉRIEL *du 31 mars 1865, créant une place de ministre officiant à Balbronn.*

Le Garde des sceaux Ministre Secrétaire d'État au département de la justice et des cultes,

Vu la demande du Consistoire de la circonscription israélite de Strasbourg, tendant à obtenir la création d'une place de ministre officiant à Balbronn (Bas-Rhin) ;

Vu l'avis du Consistoire central des Israélites ;

Vu l'avis du préfet du Bas-Rhin et celui du Conseil municipal de Balbronn ;

Vu le tableau de la population israélite de cette commune ;

Vu l'Ordonnance du 25 mai 1844 et le Décret du 29 août 1862 ;

Vu le budget des cultes pour l'exercice 1865 ;

Arrête :

Art. 1er. — Il y aura dans la commune de Balbronn (Bas-Rhin) un ministre officiant du culte israélite rétribué sur les fonds de l'État.

Art. 2. — Le traitement de ce ministre officiant est fixé à 600 fr.

Paris, le 31 mars 1865.

Signé J. BAROCHE.

DÉPÊCHE MINISTÉRIELLE *du 4 janvier 1867. — Instruction du Consistoire central, du 21 janvier 1867, aux Consistoires départementaux au sujet des élections. — Majorité absolue.*

A Messieurs les Membres du Consistoire central des Israélites.

Messieurs,

A la veille de faire procéder au renouvellement de la moitié de ses membres, et en présence des protestations qui ont surgi lors des dernières élections israélites, le Consistoire de Paris m'a demandé si le système électoral suivi jusqu'à ce jour, et conforme aux instructions ministérielles, devait continuer d'être appliqué.

Aux termes de l'article 32 de l'Ordonnance du 25 mai 1844, les élections des membres laïques des Consistoires ont eu lieu, jusqu'en 1848, à la majorité absolue des votants. A cette époque, il fut déclaré que tout citoyen français porté sur la liste électorale politique faisait naturellement partie du corps des notables, et le suffrage universel se trouva ainsi appliqué de fait aux élections israélites. Pour mettre alors ces élections en harmonie avec les principes posés par la loi organique du 15 mars 1849, il fut décidé, le 24 avril 1850, que l'article 32 de l'Ordonnance précitée cesserait d'être appliqué, et que les membres laïques des Consistoires seraient élus désormais à la majorité relative des votes exprimés. Cette règle a été constamment suivie pour toutes les élections qui ont eu lieu dans les diverses circonscriptions israélites, le Décret du 29 août 1862 ne l'ayant modifiée par aucune disposition spéciale; les approbations données aux élections faites depuis à la majorité relative ont sanctionné la jurisprudence établie en 1850 pour les élections consistoriales.

Cependant, le Décret-loi du 2 février 1852 était intervenu pour rétablir le principe de la majorité absolue dans les élections politiques, et ce principe eût été rétabli par voie de conséquence pour les élections israélites, si le renouvellement des Consistoires ne s'était pas généralement accompli avec régularité sans éveiller de doutes sur la bonne foi qui présidait aux élections, et sans, d'ailleurs, que la question eût jamais été posée à l'Administration. Aujourd'hui, il n'en est plus ainsi; l'expérience des derniers temps a montré que cette situation particulière pouvait servir de prétexte à des réclamations, à des violences regrettables, et, dans ces circonstances, je crois que la marche la plus convenable pour éviter toute difficulté ultérieure est de revenir à l'ancien état de choses et de se conformer à l'article 32 de l'Ordonnance du 25 mai 1844. Aussi bien les élections des membres laïques des Consistoires protestants se font depuis longtemps à la majorité absolue, et, de la sorte, les israélites cesseraient d'être placés, comme ils l'ont été à cet égard depuis plusieurs années, sous un régime exceptionnel.

J'ai donc décidé, Messieurs, que les élections consistoriales auront lieu à l'avenir à la majorité absolue des membres présents, et je vous prie de le faire connaître aux Consistoires, en les invitant à se conformer à cette règle pour les premières élections qui auront lieu dans les circonscriptions.

Agréez, Messieurs, l'assurance de notre considération très distinguée.

Le Garde des sceaux Ministre de la justice
et des cultes,

Signé J. BAROCHE.

LETTRE *du Consistoire central aux Consistoires départementaux.*

Paris, 21 janvier 1867.

Messieurs,

Nous avons l'honneur de vous adresser ci-joint copie d'une dépêche ministérielle en date du 11 janvier 1867, qui décide que pour éviter dorénavant les réclamations qui ont été élevées de différents côtés contre la validité des élections consistoriales faites à la majorité relative, il conviendrait de revenir à l'ancien état de choses et de se conformer à l'article 32 de l'Ordonnance du 25 mai 1844.

Le Décret impérial du 29 août 1862 ne s'était pas prononcé sur ce point, et il reste encore quelques autres points dans ce Décret qui ont été diversement interprétés. Ainsi, on a douté si, suivant les derniers mots de l'article 7 : « *Il est procédé sur » le tout selon ce qui est prescrit dans l'article 29 de l'Ordon-* » *nance du 25 mai 1844* », il ne fallait pas exposer la liste générale au parvis du temple du chef-lieu consistorial, après avoir déjà exposé les listes partielles aux temples des diverses communautés. La dépêche ministérielle veut implicitement que l'on se conforme autant que possible à l'Ordonnance de 1844, et nous croyons que pour obvier à toute réclamation ultérieure, l'exposition de la liste générale au chef-lieu consistorial est nécessaire. Cela nous paraît résulter également de l'ensemble de l'article 7 du Décret impérial du 29 août 1862, qui dispose que les listes partielles seront adressées au Consistoire départemental, apparemment pour que celui-ci publie la liste générale, afin de donner aux électeurs, lors du recensement général, le moyen de contrôler complètement le résultat des élections. Les doutes qui régnaient sur certaines dispositions du Décret précité avaient engagé M. le Ministre à faire ajourner les élections qui devaient avoir lieu à la fin de l'année 1866, pour le renouvellement partiel des Consistoires départementaux et du Consistoire central. Maintenant, vous pourrez procéder à ces élections; vous en fixerez vous-mêmes la date à votre convenance, *mais à l'époque la plus rapprochée possible*. Selon les dispositions de l'Ordonnance de 1844, les listes arrêtées au mois de juillet dernier par MM. les Préfets peuvent servir pour les élections.

Ont signé : Les Membres du Consistoire central.

DÉCRET *du 5 février 1867, complétant les dispositions du Décret du 29 août 1862, relatives aux élections israélites.*

NAPOLÉON, etc.,

Sur le rapport de notre Garde des sceaux Ministre Secrétaire d'État au département de la justice et des cultes;

Vu l'Ordonnance du 25 mai 1844 et le Décret du 29 août 1862, concernant l'organisation du culte israélite;

Vu l'avis du Consistoire central des Israélites;

Considérant qu'il y a lieu de compléter les dispositions de notre Décret du 29 août 1862, relatives aux élections israélites, en rétablissant le principe de la majorité absolue, et en tenant compte de l'extension donnée à la liste des électeurs par le Décret précité;

Avons décrété et décrétons ce qui suit :

Art. 1er. — Les élections israélites ont lieu au scrutin secret et à la majorité absolue des suffrages. Le nombre des votants doit être au moins du tiers des électeurs inscrits.

Si la majorité n'est pas acquise, les électeurs sont convoqués pour un second tour de scrutin, et dans ce cas, la majorité relative suffit quel que soit le nombre des votants.

Art. 2. — Notre Garde des sceaux Ministre Secrétaire d'État au département de la justice et des cultes est chargé de l'exécution du présent Décret.

Fait au Palais des Tuileries, le 5 février 1867.

Signé NAPOLÉON.

ARRÊTÉ MINISTÉRIEL du 11 février 1867, créant une place de ministre officiant près le temple israélite de Huningue.

Le Garde des sceaux Ministre Secrétaire d'État au département de la justice et des cultes,

Vu la demande du Consistoire de la circonscription israélite de Colmar, tendant à obtenir la création d'une place de ministre officiant à Huningue (Haut-Rhin);

Vu l'avis du Consistoire central des Israélites;

Vu l'avis du préfet du Haut-Rhin et celui du Conseil municipal de Huningue;

Vu le tableau de la population israélite de cette commune;

Vu l'Ordonnance du 25 mai 1844 et le Décret du 29 août 1862;

Arrête :

Art. 1er. — Il y aura dans la commune de Huningue (Haut-Rhin) un ministre officiant du culte israélite rétribué sur les fonds de l'État.

Art. 2. — Le traitement de ce ministre officiant est fixé à 600 fr.

Paris, le 11 février 1867.

Signé J. BAROCHE.

ARRÊTÉ MINISTÉRIEL *du 11 février 1867, créant une place de ministre officiant près le temple israélite du Havre.*

Le Garde des sceaux Ministre Secrétaire d'État au département de la justice et des cultes,

Vu la demande du Consistoire de la circonscription israélite de Paris, tendant à obtenir la création d'une place de ministre officiant au Havre (Seine-Inférieure);

Vu l'avis du Consistoire central des Israélites;

Vu l'avis du préfet de la Seine-Inférieure et celui du Conseil municipal du Havre;

Vu le tableau de la population israélite de cette ville;

Vu l'Ordonnance du 25 mai 1844 et le Décret du 29 août 1862;

Vu le budget des cultes pour l'exercice 1867;

Arrête :

Art. 1er. — Il y aura dans la ville du Havre (Seine-Inférieure) un ministre officiant du culte israélite rétribué sur les fonds de l'État.

Art. 2. — Le traitement de ce ministre officiant est fixé à 1,000 fr.

Paris, le 11 février 1867.

Signé J. BAROCHE.

DÉCRET *du 6 avril 1867, créant une troisième place de Rabbin à Paris.*

NAPOLÉON, etc.,

Vu la demande formée par le Consistoire de la circonscription israélite de Paris, à l'effet d'obtenir la création d'une troisième place de Rabbin dans cette ville;

Vu la délibération du Conseil municipal de Paris;

Vu l'avis du Consistoire central des Israélites;

Vu l'Ordonnance du 25 mai 1844 (spécialement l'art. 61) et le Décret du 29 août 1862;

Avons décrété et décrétons ce qui suit :

Art. 1er. — Il est adjoint un troisième Rabbin au Grand Rabbin du Consistoire de la circonscription israélite de Paris.

Art. 2. — Le traitement de ce Rabbin est fixé à 2,000 fr.

Art. 3. — Notre Garde des sceaux Ministre Secrétaire d'État au département de la justice et des cultes est chargé de l'exécution du présent Décret.

Fait au Palais des Tuileries, le 6 avril 1867.

Signé NAPOLÉON.

DÉCRET *du 16 septembre 1867, créant un rabbinat à Versailles.*

NAPOLÉON, etc.,

Sur le rapport de notre Garde des sceaux Ministre de la justice et des cultes,

Avons décrété et décrétons ce qui suit :

Art. 1er. — La place de ministre officiant à Versailles (Seine-et-Oise) est convertie en rabbinat.

Art. 2. — Le traitement du Rabbin de Versailles est fixé à 1,100 fr. et courra à partir du 1er janvier 1867.

Art. 3. — Notre Garde des sceaux Ministre Secrétaire d'État au département de la justice et des cultes est chargé de l'exécution du présent Décret.

Fait à Biarritz, le 16 septembre 1867.

Signé NAPOLÉON.

DÉCRET *en date du 16 septembre 1867, qui modifie l'organisation du culte israélite en Algérie.*

NAPOLÉON, etc.,

Sur le rapport de notre Garde des sceaux Ministre Secrétaire d'État au département de la justice et des cultes,

Notre Conseil d'État entendu,

Avons décrété et décrétons ce qui suit :

Art. 1er. — Il y a en Algérie, pour chacune des trois provinces, un Consistoire israélite siégeant, l'un à Alger, l'autre à Oran, le troisième à Constantine.

Art. 2. — Chacun de ces Consistoires est composé de six membres laïques et d'un Grand Rabbin.

Les Consistoires sont présidés par un des membres laïques choisi par eux. Ils ne peuvent délibérer qu'au nombre de quatre membres au moins.

En cas de partage, la voix du président sera prépondérante.

Art. 3. — Les Grands Rabbins et les membres laïques seront nommés par nous sur la proposition de notre Ministre des cultes et sur la présentation du Consistoire central.

Art. 4. — Les Grands Rabbins de l'Algérie seront choisis parmi les Rabbins français ou indigènes âgés de trente ans au moins et pourvus du diplôme du second degré rabbinique.

Art. 5. — Les membres laïques du Consistoire seront nommés tous les huit ans et renouvelés par moitié tous les quatre ans.

Art. 6. — Les Consistoires de l'Algérie ont dans leurs circonscriptions respectives les attributions que l'Ordonnance du 9 novembre 1845 confère au Consistoire algérien, lequel est et demeure supprimé.

Art. 7. — Le Consistoire central des Israélites de France est l'intermédiaire entre le Gouvernement et les Consistoires de l'Algérie.

Chacun de ces Consistoires sera représenté au sein du Consistoire central par un membre laïque choisi parmi les électeurs résidant à Paris et agréé par nous.

Art. 8. — Continueront à être observés, dans toutes les dispositions qui ne sont pas contraires au présent Décret, les Règlements antérieurs spéciaux à l'Algérie.

Art. 9. — Notre Garde des sceaux Ministre Secrétaire d'État au département de la justice et des cultes est chargé de l'exécution du présent Décret.

Fait à Biarritz, le 16 septembre 1867.

Signé NAPOLÉON.

DÉCRET *du 29 novembre 1869, qui met à la charge des communes les indemnités de logement des ministres du culte israélite en Algérie.*

NAPOLÉON, etc.,

Sur le rapport de notre Garde des sceaux Ministre Secrétaire d'État au département de la justice et des cultes,

Vu l'Ordonnance royale du 9 novembre 1845, relative au culte israélite en Algérie;

Vu la loi du 18 juillet 1837 et l'Ordonnance du 7 août 1842;

Vu le Décret du 16 septembre 1807, portant réorganisation du culte israélite en Algérie ;

Avons décrété et décrétons ce qui suit :

Art. 1er. — Les frais de logement des ministres du culte israélite rétribués par l'État en Algérie sont à la charge des communes, et seront réglés d'après les dispositions de l'Ordonnance précitée du 7 août 1842.

Notre Garde des sceaux Ministre Secrétaire d'État au département de la justice et des cultes est chargé de l'exécution du présent Décret.

Fait à Paris, aux Tuileries, le 29 novembre 1869.

Signé NAPOLÉON.

DÉCRET *du 24 octobre 1870, relatif à la naturalisation des israélites de l'Algérie.*

Le Gouvernement de la Défense nationale,

Décrète :

Les israélites indigènes des départements de l'Algérie sont déclarés citoyens français ; en conséquence, leur statut réel et leur statut personnel seront, à compter de la promulgation du présent Décret, réglés par la loi française.

Toutes dispositions législatives, Décret, Règlement ou Ordonnance contraires sont abolies.

Fait à Tours, le 24 octobre 1870.

CRÉMIEUX, GAMBETTA, GLAIS-BIZOIN, FOURICHON.

DÉCRET *du 11 novembre 1870, modifiant le mode de nomination des Grands Rabbins et Rabbins.*

Le Gouvernement de la Défense nationale,

Décrète :

Art. 1er. — Lorsqu'il y aura lieu d'élire un Grand Rabbin du Consistoire départemental, il y sera procédé par une assemblée de vingt-cinq délégués que désigneront tous les électeurs de la circonscription électorale.

Art. 2. — Les Rabbins communaux seront élus par une assemblée de délégués que nommeront les électeurs de la circonscription communale.

Art. 3. — Le nombre de délégués sera fixé suivant l'importance de la circonscription communale par le Consistoire départemental, sans pouvoir être au-dessous de cinq.

Art. 4. — La nomination des délégués est faite dans les mêmes formes que celle des membres des Consistoires.

Art. 5. — Les élections des Grands Rabbins et des Rabbins communaux ont lieu à la majorité absolue des délégués présents. Le nombre des délégués doit être au moins de la moitié de la liste totale.

Art. 6. — La durée des fonctions des membres laïques du Consistoire central et des Consistoires départementaux est de quatre ans. Ils sont divisés en deux séries se renouvelant alternativement de deux en deux années. Les membres sortants sont rééligibles.

Art. 7. — Le Consistoire central et les Consistoires départementaux nomment annuellement leurs Présidents et Vice-présidents.

Art. 8. — La liste des électeurs est permanente. Elle est révisée tous les deux ans dans les formes prévues par les Ordonnances antérieures.

Continueront à être observées les Ordonnances antérieures dans les dispositions qui ne sont pas contraires au présent Décret.

Fait à Tours, le 11 novembre 1870.

> Ad. CRÉMIEUX, GLAIS-BIZOIN,
> L. FOURICHON, L. GAMBETTA.

DÉCRET du 7 octobre 1871, relatif à l'indigénat en Algérie.

Le Président de la République française,

Sur la proposition du Ministre Secrétaire d'État au département de l'intérieur, et du Gouverneur de l'Algérie,

Décrète :

Art. 1er. — Provisoirement, et jusqu'à ce qu'il ait été statué par l'Assemblée nationale sur le maintien ou l'abrogation du Décret du 24 octobre 1870, seront considérés comme indigènes, et, à ce titre, demeureront inscrits sur les listes électorales s'ils remplissent, d'ailleurs, les autres conditions de capacité civile, les israélites nés en Algérie avant l'occupation française, ou nés depuis cette occupation de parents établis en Algérie à l'époque où elle s'est produite.

Art. 2. — En conséquence, tout israélite qui voudra être inscrit ou maintenu sur les listes électorales sera, dans les vingt jours de la promulgation du présent Décret, tenu de justifier qu'il est dans l'une des conditions déterminées par l'article 1er.

Art. 3. — Cette justification sera faite devant le juge de paix du domicile de l'israélite. Elle aura lieu soit par la production d'un acte de naissance, soit par sept personnes demeurant en Algérie depuis dix ans au moins, soit par toute autre preuve que le juge de paix admettra comme concluante. La décision du juge de paix vaudra titre à l'israélite, et il lui en sera immédiatement délivré une copie sans frais. Au préalable, et comme condition de la délivrance de ce titre, l'israélite, s'il n'a pas de nom de famille et de prénoms fixes, sera tenu d'en adopter et d'en faire la déclaration devant le juge de paix.

Pour chaque décision ainsi délivrée, il sera délivré, en la forme des casiers judiciaires, un bulletin qui sera remis à la mairie du domicile de l'indigène pour servir, soit à la confection des listes électorales, soit à celle d'un registre de notoriété.

Art. 4. — L'israélite dont la déclaration ne sera pas admise par le juge de paix pourra, dans les trois jours qui suivront la prononciation de la décision, se pourvoir par simple requête adressée au Président du Tribunal de l'arrondissement, au pied de laquelle le Président indiquera une audience à trois jours de date au plus. Le Tribunal, après avoir entendu l'israélite ou son défenseur et le Ministère public, statuera en dernier ressort. Le pourvoi en cassation n'est pas suspensif.

A défaut d'avoir rempli les formalités et satisfait aux conditions exigées par les articles qui précèdent, tout israélite actuellement inscrit sur les listes électorales en sera rayé et ne pourra y être rétabli que lors d'une prochaine révision.

Art. 6. — Tous actes judiciaires faits en vertu du présent Décret, et pour son exécution, seront dispensés des droits de timbre et d'enregistrement.

Art. 7. — La convocation des collèges électoraux n'aura lieu qu'un mois au moins après la promulgation du premier Décret.

Art. 8. — Les Ministres de la justice et de l'intérieur, et le

Gouverneur général civil de l'Algérie, sont chargés, chacun en ce qui le concerne, de l'exécution du présent Décret.

Fait à Versailles, le 7 octobre 1871.

Signé A. THIERS.

LOI *sur le recrutement de l'armée du 27 juillet 1872.*
— *Dispensés du service militaire.*

Art. 20. — Sont, à titre conditionnel, dispensés du service militaire :

7º Les élèves ecclésiastiques désignés à cet effet par les archevêques et par les évêques et les jeunes gens autorisés à continuer leurs études pour se vouer au ministère dans les cultes salariés par l'État, sous la condition qu'ils seront assujettis au service militaire s'ils cessent les études en vue desquelles ils auront été dispensés, ou si, à vingt-six ans, les premiers ne sont pas entrés dans les ordres majeurs et les seconds n'ont pas reçu la consécration.

DÉCRET *du 12 septembre 1872, créant les Consistoires de Vesoul et de Lille et modifiant les autres circonscriptions consistoriales.*

Le Président de la République française,

Sur le rapport du Ministre de l'instruction publique et des cultes,

Vu les dépêches du 17 juillet 1871 et des 17 avril et 7 juin 1872, par lesquelles le Consistoire central des Israélites propose de remplacer par deux Consistoires ayant leurs sièges à Vesoul et à Lille ceux de Colmar et de Metz, et de modifier, d'après les circonstances nouvelles, les diverses circonscriptions consistoriales ;

Vu l'Ordonnance du 25 mai 1844 et les Décrets des 29 août 1862 et 12 septembre 1872 ;

Vu le budget des cultes pour l'exercice 1872 ;

Décrète :

Art. 1er. — Il est créé deux nouveaux Consistoires israélites ayant leurs chefs-lieux, l'un à Vesoul (Haute-Saône), l'autre à Lille (Nord).

Art. 2. — Les circonscriptions des huit Consistoires israélites de France sont fixées ainsi qu'il suit :

Circonscription consistoriale de Paris.

Seine, Seine-et-Marne, Seine-et-Oise, Seine-Inférieure, Eure, Eure-et-Loir, Loiret, Loir-et-Cher, Indre, Indre-et-Loire, Sarthe, Orne, Calvados, Manche.

Circonscription consistoriale de Lille.

Nord, Pas-de-Calais, Somme, Oise, Aisne, Ardennes, Marne.

Circonscription consistoriale de Nancy.

Meurthe-et-Moselle, Meuse, Côte-d'Or, Yonne, Aube.

Circonscription consistoriale de Vesoul.

Haute-Saône, Haute-Marne, Vosges, arrondissement de Belfort.

Circonscription consistoriale de Lyon.

Rhône, Isère, Savoie, Haute-Savoie, Ain, Jura, Doubs, Saône-et-Loire, Nièvre, Cher, Allier, Puy-de-Dôme, Loire, Haute-Loire, Cantal.

Circonscription consistoriale de Bordeaux.

Gironde, Dordogne, Corrèze, Creuse, Haute-Vienne, Charente, Charente-Inférieure, Vendée, Deux-Sèvres, Vienne, Maine-et-Loire, Loire-Inférieure, Mayenne, Ille-et-Vilaine, Morbihan, Côtes-du-Nord, Finistère.

Circonscription consistoriale de Bayonne.

Basses-Pyrénées, Hautes-Pyrénées, Haute-Garonne, Ariége, Pyrénées-Orientales, Aude, Tarn, Aveyron, Tarn-et-Garonne, Gers, Lot, Lot-et-Garonne, Landes.

Circonscription consistoriale de Marseille.

Bouches-du-Rhône, Vaucluse, Gard, Hérault, Lozère, Ardèche, Drôme, Hautes-Alpes, Basses-Alpes, Alpes-Maritimes, Var, Corse.

Nota. — La création du Consistoire de Besançon a modifié légèrement ce tableau.

Art. 3. — Le Ministre de l'instruction publique et des cultes est chargé de l'exécution du présent Décret.

Fait à Trouville, le 12 septembre 1872.

Signé A. THIERS.

DÉCRET du 12 septembre 1872, modifiant l'organisation du culte israélite en France, rapportant le Décret du 11 novembre 1870.

Le Président de la République française,

Sur le rapport du Ministre de l'instruction publique et des cultes ;

Vu l'Ordonnance du 25 mai 1844 et les Décrets des 9 juillet 1853 et 29 août 1862 ;

Vu les observations présentées, le 11 avril 1872, par le Consistoire central des Israélites, tant sur l'irrégularité des mesures prises le 11 novembre 1870, sans consulter les autorités compétentes, que sur la nécessité d'introduire quelques modifications dans les principes qui régissent actuellement la nomination des Grands Rabbins et des Rabbins ;

Décrète :

Art. 1er. — Les Grands Rabbins des circonscriptions consistoriales israélites seront nommés par le Consistoire central sur une liste de trois candidats.

Cette liste sera présentée par le Consistoire départemental, auquel s'adjoindra une Commission composée : 1° d'un délégué nommé par les électeurs inscrits de chaque communauté ayant un ministre du culte rétribué par l'État ; 2° d'un nombre égal de délégués choisis par les électeurs du chef-lieu consistorial.

La nomination des Grands Rabbins sera soumise à l'approbation du chef de l'État.

Art. 2. — Les Rabbins seront nommés par le Consistoire départemental assisté d'une Commission composée de délégués élus au scrutin de liste, moitié par le chef-lieu de la circonscription rabbinique, moitié par les autres communautés de cette circonscription. Le nombre total de ces délégués ne pourra dépasser six.

La nomination des Rabbins sera soumise, par l'intermédiaire du Consistoire central, à l'approbation du Ministre des cultes.

Art. 3. — Le Décret du 11 novembre 1870 est rapporté.

Art. 4. — Continueront à être observés, dans toutes les dispositions qui ne sont pas contraires au présent Décret, l'Ordonnance du 25 mai 1844 et le Décret du 29 août 1862.

Art. 5. — Le Ministre de l'instruction publique et des cultes est chargé de l'exécution du présent Décret.

Fait à Trouville, le 12 septembre 1872.

Signé A. THIERS.

INSTRUCTIONS *du 5 novembre 1872 du Consistoire central aux Consistoires algériens, au sujet des mesures prises pour assurer en Algérie le respect de la loi française en ce qui concerne les mariages civils.*

Paris, le 5 novembre 1872.

Messieurs,

Nous sommes informés que de graves infractions aux lois françaises se commettent souvent dans les trois provinces de l'Algérie. Nous apprenons avec le plus vif regret que, malgré l'assimilation qui a été l'objet de nos vœux les plus chers et de vos plus légitimes aspirations, beaucoup de nos coreligionnaires algériens, placés désormais sous la loi commune, ne craignent pas de faire contracter leur mariage religieux sans faire précéder cette cérémonie de la célébration du mariage civil, secondés dans cette blâmable conduite et dans cette infraction à la loi par des individus sans caractère légal et sans mandat religieux, qui usurpent les fonctions rabbiniques et se rendent, par un criminel intérêt, les agents de ces mariages clandestins. Les conséquences de pareils abus seraient funestes à tous les points de vue, tant sous le rapport religieux que sous celui des mœurs, et la continuation d'un tel désordre ne provoquerait rien moins que le bouleversement des familles, la honte de nos coreligionnaires et une foule d'embarras inextricable, vous le comprenez, et il est inutile d'y insister. Pour remédier à cet état de choses, et surtout pour inspirer à nos nouveaux compatriotes le respect de la loi et le sentiment des devoirs qu'elle impose, nous avons, en exécution des dispositions de l'arrêté du 1er prairial an X, des Décrets des 17 mars et 11 décembre 1808, des Ordonnances des 25 mai 1844 et

9 novembre 1845, des Décrets des 29 août 1862, 16 novembre 1867, 24 octobre 1870, 7 octobre 1871, pris les résolutions suivantes :

1° Les Grands Rabbins des Consistoires d'Alger, d'Oran et de Constantine, ou les délégués nommés régulièrement par eux aux fonctions religieuses dans les communautés de leur ressort respectif, devront, à l'avenir, seuls procéder à l'acte religieux du mariage des israélites de l'Algérie qui justifieront en bonne et due forme avoir contracté mariage devant l'officier de l'état civil ;

2° Les Consistoires auront, sous leur responsabilité personnelle, à signaler à l'autorité supérieure, comme contrevenant aux lois, quiconque exercerait des fonctions religieuses sans caractère légal ;

3° Les Consistoires veilleront à ce qu'aucun honneur religieux ne soit accordé dans les synagogues de leur circonscription aux époux et à leur famille à l'occasion des mariages qui n'auraient pas été contractés conformément aux prescriptions du Code civil ;

4° Les Consistoires soumettront à l'approbation du Consistoire central des Règlements uniformes d'administration et d'ordre intérieur pour les temples de leur ressort. Ils transmettront ensuite ces Règlements aux administrateurs et aux délégués près les temples, avec ordre de les faire publier et afficher dans les synagogues respectives et de veiller à leur exécution.

Nous comptons sur vos sentiments patriotiques, sur votre dévouement et sur votre concours éclairé pour nous aider à accomplir promptement la régénération de nos coreligionnaires de l'Algérie. Vous voudrez bien leur faire comprendre que leurs intérêts religieux et moraux sont l'objet de notre plus sérieuse sollicitude ; que leur complète assimilation aux israélites de la métropole leur impose l'obligation de se soumettre sans réserve à toutes les prescriptions de la législation française que le grand sanhédrin a déclarées conformes aux principes et à l'esprit de notre sainte religion.

Vous ne manquerez pas surtout de leur faire observer que si les abus que nous vous avons signalés devaient se renouveler, nous proposerions au Gouvernement de prescrire aux maires des communes de l'Algérie d'exiger, pour l'inscription des naissances légitimes, un certificat constatant que le mariage des parents a été célébré par l'officier de l'état civil. Il s'agit de la chose la plus sainte : de l'honneur, de la légitimité et de l'avenir des enfants. Nous avons la conviction que nos coreligionnaires algériens, qui ont à un si haut point le culte de la famille, ne s'exposeront plus désormais à faire retomber sur leurs enfants les conséquences déplorables qui résulteraient de l'inaccomplissement de leurs devoirs.

Agréez, Messieurs, l'assurance de notre considération distinguée.

LES MEMBRES DU CONSISTOIRE CENTRAL.

INSTRUCTIONS *du 28 novembre du 1872 Consistoire central au Consistoire de Marseille. — Élection des délégués.*

Messieurs,

L'élection de la Commission appelée à concourir avec le Consistoire départemental à la présentation d'une liste de trois candidats à la place de Grand Rabbin (Décret du 12 septembre 1872) a eu pour objet de déterminer le nombre des délégués à élire, et non de priver de leur droit de voter les électeurs israélites disséminés ou inscrits dans une communauté n'ayant pas de ministre du culte salarié par l'État. Par conséquent, ces derniers devront se rendre, pour voter, au bureau électoral le plus rapproché de leur résidence. Les électeurs israélites étrangers ne peuvent être nommés comme délégués pour concourir avec le Consistoire, soit à la présentation de la liste des candidats pour l'élection d'un Grand Rabbin, soit à la nomination d'un Rabbin communal.

Ont signé : Les Membres du Consistoire central.

DÉPÊCHE MINISTÉRIELLE *du 12 décembre 1872, donnant aux Présidents des Consistoires, en matière électorale, les mêmes droits qu'aux Juges de paix.*

Messieurs, j'apprécie les motifs qui vous ont déterminés, dans les circonstances actuelles, à résigner votre mandat, et j'accepte, en conséquence, la démission collective que vous m'offrez par votre lettre du 28 novembre, ainsi que celle des Consistoires départementaux que vous êtes chargés de me transmettre.

Il va sans dire que le Consistoire central et les Consistoires départementaux resteront provisoirement en fonctions jusqu'à l'installation des nouveaux corps qui seront appelés à les remplacer.

Quant à la mesure que vous proposez de prendre pour aplanir les difficultés que présente l'application de l'article 8 du Décret du 29 août 1862, je ne puis qu'y donner mon approbation. D'après les explications que vous me donnez, je ne vois qu'avantage, en effet, à ce que les électeurs dont l'inscription sur la liste électorale aurait été omise puissent y être inscrits à l'approche des élections, et même pendant l'élection. Le droit qui, dans les élections politiques, est attribué, en ce cas, au Juge de paix, serait exercé, comme vous le proposez, par le Président du Consistoire départemental. Je désire seulement que les nouvelles inscriptions soient constatées, pour éviter toute confusion et pour rendre plus facile la vérification par un procès-verbal spécial qui serait soumis ultérieurement à M. le Préfet du département.

Agréez, Messieurs, l'assurance de ma considération très distinguée.

Le Ministre de l'instruction publique et des cultes,
Signé Jules SIMON.

DÉCRET *du 12 décembre 1872, modifiant le Décret du 10 septembre 1867 sur l'organisation du culte israélite en Algérie.*

Le Président de la République française,

Sur le rapport du Ministre de l'instruction publique et des cultes,

Vu le Décret du 16 septembre 1867,

Décrète :

Art. 1er. — Les membres laïques des Consistoires israélites de l'Algérie et le membre laïque appelé à représenter chacun d'eux au Consistoire central, siégeant à Paris, sont nommés par les électeurs des circonscriptions consistoriales.

Art. 2. — Sont électeurs : 1° Tous les israélites portés sur les listes électorales à titre de Français, d'indigènes ou d'étrangers, s'ils ont vingt-cinq ans accomplis et s'ils contribuent à l'entretien du culte ou font partie d'une Société de bienfaisance placée sous l'autorité des Consistoires ;

2° Les ministres du culte rétribués par l'État ;

3° Les fonctionnaires de l'ordre administratif, civil ou militaire en activité ou en retraite, les titulaires d'un grade universitaire ou académique et des décorations de la Légion d'honneur.

Art. 3. — Les étrangers ne seront pas éligibles.

Art. 4. — Les Consistoires feront dresser dans les diverses communautés de leur ressort des listes partielles d'électeurs qui, après avoir été révisées par ces Consistoires, seront affichées pendant un mois.

A l'expiration de ce délai, la liste générale des électeurs sera arrêtée par le préfet.

Les listes des électeurs sont permanentes ; elles seront révisées lorsqu'il y aura lieu de procéder à de nouvelles élections, et toutes les fois que les Consistoires jugeront utile d'y faire des additions ou des radiations.

Art. 5. — Les Consistoires israélites de l'Algérie peuvent être dissous par le Ministre des cultes.

Le cas échéant, l'administration des affaires est déléguée, jusqu'à l'installation du nouveau Consistoire, à une Commission composée du Grand Rabbin et de quatre membres laïques désignés par le Consistoire central.

Art. 6. — Lorsqu'il y aura lieu de procéder à l'élection d'un Grand Rabbin du Consistoire central, les électeurs israélites désigneront dans chaque circonscription deux délégués pour prendre part à cette élection.

Art. 7. — Le Décret du 16 septembre 1867 continuera à être observé dans celles de ses dispositions qui ne sont pas contraires au présent Décret.

Art. 8. — Le Ministre de l'instruction publique et des cultes est chargé de l'exécution du présent Décret.

Fait à Versailles, le 12 décembre 1872.

Le Ministre de l'instruction publique et des cultes,
Signé Jules SIMON.

INSTRUCTIONS du *26 décembre 1872 du Consistoire central au Consistoire d'Alger, au sujet des mariages clandestins.*

Paris, le 26 décembre 1878.

Messieurs,

Nous avons pris connaissance de votre lettre du 28 novembre dernier, par laquelle vous nous rendez compte des mesures que vous avez prises à l'effet de faire exécuter nos résolutions concernant la célébration religieuse des mariages clandestins. Vous nous entretenez des infractions qui viennent d'avoir lieu, et vous pensez qu'il serait indispensable que l'autorité supérieure ordonnât aux Tribunaux de notre colonie de sévir rigoureusement contre les infractions qui pourraient leur être déférées. Vous exprimez le vœu qu'il soit provoqué des dispositions législatives punissant les infractions aux prescriptions consistoriales, et dans ce but, vous soumettez à notre approbation un projet de Règlement relatif aux mariages religieux.

Nous applaudissons aux louables efforts et au zèle que vous déployez en vue   substituer la célébration des mariages dans les synagogues à 1 usage du pays de bénir les mariages à domicile, ce qui enlève à cette cérémonie la dignité et le caractère religieux qu'elle comporte. Nous approuvons, en conséquence, les divers articles de votre projet, sauf l'article 4, visant des actes prévus par l'article 5, avec lequel il fait double emploi.

Quant au vœu tendant à obtenir une sanction pénale soit pour les infractions commises aux prescriptions consistoriales, soit pour celles concernant la célébration des mariages religieux, il ne nous a pas paru susceptible d'être pris en considération, le Gouvernement, en effet, s'étant constamment refusé, malgré les vives instances renouvelées à plusieurs reprises, à rendre exécutoire, comme règlement d'administration publique, l'Ordonnance concernant le culte israélite. Cependant, les Grands Rabbins ou les délégués commis régulièrement par eux aux fonctions religieuses dans les communautés de leur ressort respectif devront seuls procéder, dans les synagogues, à l'acte religieux du mariage, il s'ensuit que les Consistoires ne sont pas désarmés, et qu'ils ont le droit et le devoir d'user, à l'égard de ceux qui usurperaient des fonctions rabbiniques ou de ceux qui exerceraient des fonctions religieuses, du moyen de coercition prévu par les articles 258 à 260 du Code pénal. Les auteurs des infractions aux lois doivent être dénoncés au Procureur de la République. Il importe aussi que vous insistiez auprès de nos coreligionnaires algériens, qui sont si sensibles à tout ce qui touche l'honneur et les intérêts de la famille, sur les conséquences déplorables que produiraient, pour l'avenir et la dignité de leurs enfants, les infractions qu'ils commettraient à la loi française en ce qui concerne les mariages civils.

Agréez, Messieurs, l'assurance de notre considération très distinguée.

Ont signé : Les Membres du Consistoire central.

ARRÊTÉ MINISTÉRIEL *du 1er janvier 1873, créant trois places de ministres officiants à Paris.*

Le Ministre de l'instruction publique et des cultes;

Vu la demande formée par le Consistoire israélite de Paris, à l'effet d'obtenir la création de trois nouvelles places de ministres officiants pour le service des deux nouvelles synagogues construites dans cette ville;

Vu l'avis du préfet de la Seine;

Vu l'avis du Consistoire central des Israélites;

Vu l'Ordonnance du 25 mai 1844 et les Décrets des 29 août 1862 et 12 septembre 1872;

Vu la loi du 20 décembre 1872, portant fixation des dépenses et des recettes de l'exercice 1873;

Arrête :

Il est créé à Paris trois nouvelles places de ministres officiants du culte israélite, deux de première classe, au traitement de 2,000 fr., et une de seconde classe, au traitement de 1,000 fr.

Fait à Versailles, le 1er janvier 1873.

Signé Jules SIMON.

DÉCRET *du 1er janvier 1873, créant un rabbinat à Valenciennes.*

Le Président de la République française,

Sur le rapport du Ministre de l'instruction publique et des cultes;

Vu la demande formée à l'effet d'obtenir la création d'un rabbinat à Valenciennes ;

Vu la délibération du Conseil municipal et le tableau de la population composant la communaut_ israélite ;

Vu l'avis du préfet du Nord et celui du Consistoire central des Israélites ;

Vu la loi du 18 juillet 1837 ;

Vu l'Ordonnance du 25 mai 1844 et les Décrets des 29 août 1862 et 12 septembre 1872 ;

Vu la loi du 20 décembre 1872, portant fixation des dépenses et des recettes de l'exercice 1873 ;

Décrète :

Art. 1er. — Il est créé un rabbinat à Valenciennes (Nord), circonscription consistoriale israélite de Lille.

Art. 2. — Le traitement du Rabbin de Valenciennes est fixé à 1,400 fr.

Art. 3. — Le Ministre de l'instruction publique et des cultes est chargé de l'exécution du présent Décret.

Fait à Versailles, le 1er janvier 1873.

Signé A. THIERS.

AVIS DE PRINCIPE *émis par le Conseil d'État en 1873 touchant les libéralités faites aux établissements religieux.*

DISPOSITIONS ENTRE VIFS ET TESTAMENTAIRES. — ÉTABLISSEMENTS PUBLICS. — CONSISTOIRES ISRAÉLITES.

Les Bureaux de bienfaisance ne sont pas les seuls établissements publics qui puissent recueillir des libéralités destinées au soulagement des pauvres.

Et le maire n'a mission d'accepter les dons et legs faits aux pauvres d'une commune qu'au cas où il s'agit de libéralités qui leur sont adressées sans autre détermination.

Les Fabriques d'églises ont capacité pour recevoir des libéralités destinées aux pauvres, et elles peuvent y être autorisées sous la réserve des mesures à prescrire pour assurer la fidèle exécution de la volonté du testateur.

Ainsi, les Fabriques d'églises peuvent être autorisées à accepter, seules et sans l'intervention du maire ou du Bureau de bienfaisance, les sommes destinées à être distribuées aux pauvres par les soins des membres de la Fabrique ou du curé.

Mais lorsqu'il s'agit d'une fondation dont les revenus seuls devront être distribués, il convient d'autoriser le maire à accepter le bénéfice qui résulte du legs en faveur des pauvres de la commune, et d'ordonner qu'un duplicata du titre lui sera délivré, afin qu'il puisse, non pas exercer un contrôle sur l'emploi des revenus, mais s'assurer que le capital de la fondation est conservé et que le revenu est toujours inscrit avec sa destination au budget annuel de la Fabrique.

Dans tous les cas, la Fabrique doit être autorisée à faire immatriculer le titre en son nom, et à en conserver la garde.

Les mêmes solutions s'appliquent aux Consistoires des cultes protestants, aux Conseils presbytéraux du culte réformé et aux Consistoires israélites. (Dalloz, 1873, 3ᵉ partie, 97.)

DISPOSITIONS ENTRE VIFS ET TESTAMENTAIRES. — ÉTABLIS- SEMENTS PUBLICS, FABRIQUES, CONSISTOIRES, ÉCOLES.

Les établissements ecclésiastiques appartenant à l'un des cultes reconnus par l'État, et en particulier les Fabriques et les Consistoires, ont capacité pour recevoir les libéralités destinées à fonder ou à entretenir des écoles.

En conséquence, ces établissements doivent être autorisés à accepter les libéralités qui leur sont faites avec cette destination, sans qu'il y ait lieu d'édicter dans le Décret d'autorisation des prescriptions autres que celles qui sont nécessaires pour assurer, dans l'avenir, l'exécution fidèle et durable de la volonté du disposant.

Spécialement, il convient d'autoriser le maire à accepter le bénéfice qui résulte de ces libéralités en faveur des enfants de la commune;

De prescrire, dans le cas où le montant de la libéralité doit être placé en rentes, que le titre mentionnera l'emploi des arrérages, qu'il sera immatriculé au nom de l'établissement légataire, qu'il sera en sa possession, que le maire de la commune recevra une expédition du titre, du testament et du Décret d'autorisation;

De prescrire que les revenus et les dépenses de la fondation formeront un chapitre spécial dans le budget de la Fabrique ou du Consistoire, ainsi que cela se pratique pour les chapelles de secours;

De constater dans le Décret d'autorisation la nature de l'établissement;

Dans le cas où les instituteurs ou institutrices devront être congréganistes, de prescrire qu'ils seront choisis parmi les membres des associations ou congrégations religieuses vouées à l'enseignement et reconnues comme établissements d'utilité publique;

De rappeler que l'enseignement devra porter sur les matières déclarées obligatoires par les lois. (Dalloz, 1873, 3e partie, p. 98.)

AVIS DU CONSEIL D'ÉTAT, *avril 1873, au sujet des extraits testamentaires.*

PRÉFECTURE DE LA GIRONDE

Bordeaux, le 17 août 1873.

Monsieur le Président,

J'ai transmis à M. le Ministre des cultes un dossier relatif aux legs faits par la dame veuve Beaurepaire-Lopès-Dias, auxquels ne se trouvait joint qu'un extrait du testament, le notaire ayant déclaré ne pouvoir en délivrer une copie entière.

Cette affaire a donné lieu aux observations suivantes:

Le Conseil d'État n'exige plus, en règle générale, la copie *in extenso* des testaments; il juge seulement indispensable qu'une déclaration émanée du notaire indique, conformément aux dispositions du Décret du 30 juillet 1863, qu'il n'existe dans les testaments, indépendamment des legs reproduits dans l'extrait, aucune autre disposition sur laquelle le Gouvernement ait à statuer.

LOI du 21 mai 1873, *relative aux Commissions administratives des établissements de bienfaisance.*

L'article 1er de la loi du 21 mai 1873, relative aux Commissions administratives des établissements de bienfaisance, dispose:

« Les Commissions administratives des hospices et hôpitaux
» et celles des Bureaux de bienfaisance sont composées de cinq
» membres renouvelables, du maire et du plus ancien curé de
» la commune.

» Dans les communes où siège un Conseil presbytéral ou un
» Consistoire israélite, les Commissions comprennent en outre
» un délégué de chacun de ces Conseils. »

DÉPÊCHE *du 3 juin 1873 du Consistoire central au Consistoire
de Marseille, au sujet de l'élection des délégués appelés à concourir avec le Consistoire départemental à la désignation des
candidats à présenter au Consistoire central pour la place
de Grand Rabbin de Marseille.*

3 juin 1873.

Nous avons reçu votre lettre du 26 mai dernier, par laquelle
vous nous entretenez des difficultés qui vous sembleraient résulter de l'application rigoureuse de nos instructions du 28 novembre dernier, relatives à l'élection des délégués appelés à
concourir avec le Consistoire départemental à la désignation
des trois candidats à présenter au Consistoire central pour la
place de Grand Rabbin à Marseille.

La mesure que vous nous proposez pour résoudre ces difficultés ne saurait être prise sans provoquer aucune modification
au Décret du 12 septembre 1872. Or, d'après l'interprétation
que nous avons faite de l'article 1er de ce Décret, il demeure
arrêté que les électeurs israélites inscrits dans les communautés
non pourvues d'un ministre du culte salarié par l'État peuvent
être admis à procéder à la nomination des délégués, à la condition que ces électeurs se rendraient, pour voter, au bureau
électoral où se trouve un Rabbin ou un ministre officiant rétribué par l'État. Nous croyons devoir nous en tenir à cette résolution, qui, tout en réservant aux électeurs la faculté d'exprimer librement leur vote, maintient le principe, limitant
seulement aux communautés ayant un ministre du culte rétribué par l'État le droit de participer à la nomination des délégués.

ARRÊTÉ MINISTÉRIEL *du 21 août 1873, créant une place de ministre officiant près le temple consistorial de Lille.*

Le Ministre de l'intérieur, chargé de l'intérim du Ministère de l'instruction publique et des cultes,

Vu le Décret du 12 septembre 1872, qui crée un nouveau Consistoire israélite ayant Lille pour chef-lieu;

Vu l'Ordonnance royale du 25 mai 1844 et le Décret du 29 août 1862;

Vu le budget des cultes pour l'exercice 1873;

Arrête :

Art. 1er. — Il y aura à Lille (Nord) un ministre officiant du culte israélite rétribué sur les fonds de l'État.

Art. 2. — Le traitement de ce ministre est fixé à 1,000 fr.

Fait à Versailles, le 21 août 1873.

Signé BEULÉ.

ARRÊTÉ MINISTÉRIEL *du 21 août 1873, créant une place de ministre officiant près le temple consistorial de Vesoul.*

Le Ministre de l'intérieur chargé de l'intérim du Ministère de l'instruction publique et des cultes,

Vu le Décret du 12 septembre 1872, qui crée un nouveau Consistoire israélite ayant Vesoul pour chef-lieu;

Vu l'Ordonnance royale du 25 mai 1854 et le Décret du 29 août 1862;

Vu le budget des cultes pour 1873;

Arrête :

Art. 1er. — Il y aura à Vesoul (Haute-Saône) un ministre officiant du culte israélite rétribué sur les fonds de l'État.

Art. 2. — Le traitement de ce ministre est fixé à 1,000 fr.

Fait à Versailles, le 21 août 1873.

Signé BEULÉ.

DÉCRET *du 29 août 1873, créant une place de Rabbin à Sedan.*

Le Président de la République française,

Sur le rapport du Ministre de l'instruction publique et des cultes,

Vu la demande formulée à l'effet d'obtenir la création d'un rabbinat à Sedan ;

Vu la délibération du Conseil municipal et les listes de la population composant la communauté israélite ;

Vu l'avis du préfet des Ardennes et celui du Consistoire central des Israélites ;

Vu la loi du 18 juillet 1837 ;

Vu l'Ordonnance du 25 mai 1844 et les Décrets des 29 août 1862 et 12 septembre 1872 ;

Vu la loi du 20 décembre 1872, portant fixation des recettes et des dépenses de l'exercice 1873 ;

Décrète :

Art. 1er. — Il est créé un rabbinat à Sedan (Ardennes), circonscription consistoriale israélite de Lille.

Art. 2. — Le traitement du Rabbin de Sedan est fixé à 1,400 fr. Il courra à partir du 1er janvier 1873.

Art. 3. — Le Ministre de l'instruction publique et des cultes est chargé de l'exécution du présent Décret.

Fait à Versailles, le 29 août 1873.

Signé Maréchal DE MAC-MAHON.

DÉPÊCHE du 8 décembre 1873 du Consistoire central aux Consistoires algériens. — Interprétation des dispositions de l'article 2 du Décret du 12 septembre 1872.

Paris, le 8 décembre 1873.

Messieurs,

A l'occasion des opérations électorales accomplies en dernier lieu pour l'élection des membres laïques des Consistoires algériens et d'un représentant au Consistoire, nous avons observé que les Commissions consistoriales, instituées par arrêté ministériel en date du 12 décembre 1872, ont suivi des règles différentes pour la formation des listes électorales, en raison du sens douteux que présente le paragraphe 1er de l'article 2 du Décret du 12 décembre 1872. Des divergences d'opinion se sont produites, notamment sur la question de savoir si les israélites indigènes qui contribuent à l'entretien du culte, mais qui ne figurent pas sur les listes électorales politiques ou communales, peuvent néanmoins être admis à prendre part aux élections israélites et si la taxe établie sur la viande kascher peut être considérée comme une contribution suffisante pour les frais du culte.

Nous inspirant des motifs qui ont déterminé le Consistoire central à faire introduire certaines modifications qu'il a reconnu utile d'apporter aux Ordonnances et Décrets régissant le culte israélite en Algérie, nous avons pensé qu'il convient d'interpréter dans le sens le plus large les dispositions de l'article 2 du Décret du 12 décembre 1872.

En conséquence, nous avons décidé d'admettre dans le corps électoral israélite les catégories suivantes :

1° Tous les israélites français ou étrangers portés sur les listes électorales politiques, départementales ou communales, s'ils ont vingt-cinq ans accomplis et s'ils contribuent à l'entretien du culte ;

2° Tous les israélites indigènes ou étrangers, domiciliés dans la communauté depuis deux ans, qui ne figurent pas sur les listes électorales, départementales ou communales, mais qui ont vingt-cinq ans accomplis et qui contribuent aux frais du culte ;

3° Les ministres du culte rétribués par l'État, les ministres officiants non salariés par le Trésor, les Daganims et les Chachamins régulièrement chargés par l'Administration des temples d'officier pendant les jours de fête, et qui, sans être inscrits sur le registre des indigents, reçoivent des allocations de la caisse de la communauté comme indemnité pour les services rendus.

A titre de contribuables :

1° Les souscripteurs annuels aux établissements religieux ou de bienfaisance placés sous l'autorité des Consistoires; les locataires de places dans les temples consistoriaux ou dans la synagogue d'une communauté administrée par un Commissaire nommé par le Consistoire;

2° Les membres dont se composent les Sociétés de secours mutuels ou les confréries qui consacrent annuellement une certaine somme à la caisse consistoriale, pour les besoins généraux du culte;

3° Les israélites qui contribuent régulièrement aux quêtes faites chaque année à époque fixe par le Consistoire, ou ceux qui paient entre ses mains une cotisation hebdomadaire pour l'extinction de la mendicité ;

4º Les israélites qui consomment de la viande kascher. Il nous a paru que ceux qui observent cette prescription religieuse contribuent aux frais du culte, attendu que la taxe imposée sur la viande en Algérie constitue le principal revenu des communautés. Le Décret du 12 décembre 1872 se tait sur la forme sous laquelle on doit contribuer aux frais du culte, il n'exige que la contribution elle-même.

En résumé, vous devez admettre dans le corps électoral israélite, outre les individus compris dans le paragraphe 2 de l'article 2 du Décret du 12 décembre 1872, tous nos coreligionnaires âgés de vingt-cinq ans accomplis qui interviennent dans les affaires de notre culte soit comme fonctionnaires ou administrateurs, soit par des contributions d'argent; vous ne devez exclure que ceux qui se placent complètement en dehors de la communauté, refusent toute participation à ses intérêts, ainsi que les indigents qui reçoivent des secours des Comités de bienfaisance.

DÉPÊCHE *du 14 janvier 1874 du Consistoire central aux Consistoires algériens, au sujet de l'article 16 de l'Ordonnance du 9 novembre 1845.*

Par votre lettre du 25 août dernier, vous avez soumis à notre appréciation la question de savoir si l'Ordonnance du 9 novembre 1845 est encore en vigueur, et s'il y a lieu de procéder à la convocation des notables qui doivent, selon les dispositions de l'article 16 de cette Ordonnance, se réunir aux Consistoires pour arrêter la fixation des frais généraux et leur répartition dans les diverses synagogues.

Nous estimons, tout en considérant que les droits civils et politiques conférés aux israélites indigènes algériens par le Décret du 24 octobre 1870 n'impliquent pas leur assimilation complète à ceux de la métropole au point de vue administratif, que l'article 16 de l'Ordonnance du 9 novembre 1845 se trouve implicitement abrogé par le Décret du 12 décembre 1872, modifiant l'organisation du culte israélite en Algérie.

En effet, dans l'état actuel des choses, où les israélites qui figurent sur les listes électorales consistoriales sont notables,

les dispositions relatives à ce système de la notabilité ne sauraient continuer à être applicables, en présence du nouveau mode de suffrage introduit dans la nomination des membres des Consistoires. Il serait anormal de soumettre au contrôle de dix israélites désignés par l'autorité administrative les actes des Consistoires, qui sont l'expression du suffrage de la population et qui sont investis des mêmes fonctions que ceux de la France.

Agréez, Messieurs, l'assurance de notre considération la plus distinguée.

Les Membres du Consistoire Central.

INSTRUCTIONS PRÉFECTORALES *du 20 janvier 1874, au sujet de l'état civil des indigènes israélites naturalisés par le Décret du 24 octobre 1870.*

Monsieur le Président du Consistoire,

M. le Gouverneur général vient de me faire connaître que, d'après les renseignements qui lui ont été fournis, les israélites indigènes naturalisés par le Décret du 24 octobre 1870, surtout dans les centres de l'intérieur, semblent ne pas se préoccuper des devoirs que leur impose la qualité de citoyen français qui leur a été conférée, en ce qui concerne les prescriptions de la loi relative aux actes de l'état civil.

En raison du caractère spécial que présente cette question, M. le Gouverneur général m'a adressé copie d'une dépêche de M. le Procureur général sur les dispositions à prendre à cet égard.

Les mesures indiquées par ce magistrat ont été approuvées entièrement par M. le Gouverneur général. J'ai l'honneur de les porter à votre connaissance, en vous priant de vouloir bien en assurer la rigoureuse exécution en ce qui vous concerne.

Agréez, Monsieur, l'assurance de ma considération très distinguée.

Le Préfet, signé Brunel.

Alger, le 28 décembre 1873.

Monsieur le Gouverneur général,

En réponse à votre dépêche du 19 décembre, j'ai l'honneur de vous faire connaître que j'estime qu'il y a lieu de rappeler à l'observation de la loi française, en ce qui concerne l'état civil, les israélites indigènes de l'Algérie naturalisés par le Décret du 24 octobre 1870.

J'ai déjà invité plusieurs fois mes substituts du ressort à réprimer les infractions à la loi qui pourraient être commises en cette matière, mais la plupart de ces infractions, commises dans des territoires qui échappent à leur surveillance directe, demeurent sans répression.

Je crois donc qu'il serait utile, pour agir d'une manière efficace, d'inviter les autorités locales, civiles ou militaires, à faire constater ces infractions et à transmettre les procès-verbaux au Procureur de la République de l'arrondissement. Des lettres d'avis pourraient même suppléer les procès-verbaux.

Voici, du reste, les dispositions pénales qui répriment ces sortes d'infractions :

« Le défaut de déclaration de naissance dans les trois jours de l'accouchement est puni d'un emprisonnement de six jours à six mois, et d'une amende de 16 à 300 fr. (art. 346 du Code pénal, art. 55 et 56 du Code civil).

» La célébration religieuse d'un mariage par un ministre d'un culte, sans qu'il lui ait été justifié d'un mariage préalablement reçu par un officier de l'état civil, est punie pour la première fois d'une amende de 16 à 100 fr.; en cas de récidive, d'un emprisonnement de deux à cinq ans; et pour la troisième fois, de la détention (art. 191 du Code civil).

» Enfin, le défaut de déclaration de décès se trouve indirectement réprimé par l'article 358 du Code pénal, qui punit de six jours à deux mois d'emprisonnement et d'une amende de 16 à 50 fr. l'inhumation sans autorisation préalable. »

Le Procureur général, signé ROUCHIER.

Chers Coreligionnaires,

A plusieurs reprises, nous vous avons fait connaître les lois françaises concernant les actes civils (naissances, mariages et décès), et nous vous avons invités à vous y conformer *strictement*, comme il convient à tous bons citoyens.

Il résulte cependant des plaintes parvenues à M. le Gouverneur général que des infractions nombreuses se commettent encore à cet égard, surtout dans nos communautés de l'intérieur.

Nous vous renouvelons donc ici, avec instance, nos précédentes recommandations, et nous vous rappelons en même temps la défense sévère que nous avons faite d'accorder les honneurs religieux à quiconque se rend coupable d'infraction aux lois relatives aux mariages et divorces, sans préjudice des peines qui pourront être infligées par les Tribunaux.

Pour le Consistoire :

Le Président, *signé* SEYMAN.

CIRCULAIRE MINISTÉRIELLE du 5 mars 1874. — *Franchise de correspondance aux présidents des Consistoires.*

Paris, le 5 mars 1874.

Monsieur le Président, des instances ont été faites auprès de mon département pour obtenir que les présidents des Consistoires puissent correspondre en franchise avec les maires des communes de leurs circonscriptions respectives. J'ai appelé sur cette demande l'attention de M. le Ministre des finances, et je suis heureux d'avoir à vous apprendre que, sur le rapport de M. le Directeur général des postes, mon collègue a pris, les 19 janvier et 18 février 1874, la décision suivante :

Les présidents des Consistoires du culte réformé et de la Confession d'Augsbourg, et ceux des Consistoires départementaux du culte israélite, sont autorisés à correspondre en franchise, sous bandes, avec les maires des communes comprises dans leurs ressorts consistoriaux.

Je n'ai pas besoin de vous recommander, Monsieur le Président, d'user de ce privilège avec un religieux scrupule, et de ne comprendre dans vos dépêches aucun envoi étranger à votre service.

Agréez, Monsieur le Président, l'assurance de ma considération très distinguée.

Le Ministre de l'instruction publique et des cultes,

Signé DE FOURTOU.

DÉPÊCHE *du 15 juin 1874, du Consistoire central au Consistoire de Marseille.* — *Exécution des dispositions de l'article 2 du Décret du 12 septembre 1872, au sujet de la fixation du nombre des délégués appelés à concourir à l'élection d'un Rabbin communal à Nîmes.*

15 juin 1874.

Nous avons examiné les observations que vous nous avez soumises par votre lettre du 4 de ce mois, au sujet de la fixation du nombre des délégués qui doivent, conformément aux dispositions de l'article 2 du Décret du 12 septembre 1872, concourir à la nomination d'un Rabbin communal à Nîmes. Nous estimons que dans la circonstance présente, vous devez vous borner à convoquer les électeurs inscrits de la communauté de Nîmes, dans le but de procéder à l'élection de trois délégués dont se composera la Commission adjointe à votre Consistoire. Il nous a paru qu'il n'y avait pas lieu d'augmenter ce nombre, parce qu'autour du chef-lieu de la circonscription rabbinique, il n'existe pas de communautés selon la véritable acception du mot. On ne saurait, en effet, considérer comme constituant une communauté les quelques israélites agglomérés à Alais et à Pont-Saint-Esprit, qui représentent une dizaine d'électeurs. Toutefois, nous pensons qu'il y aurait lieu d'accorder à ces derniers la faculté de se rendre à Nîmes pour participer, avec les électeurs de cette communauté, à la nomination de trois délégués.

DÉCRET *du 10 juillet 1874, qui convertit en rabbinat la place de ministre officiant de Remiremont.*

Le Président de la République française,

Sur le rapport du Ministre de l'instruction publique et des cultes ;

Vu la demande formée par la communauté israélite de Remiremont (Vosges), à l'effet d'obtenir que la place de ministre officiant de cette ville soit convertie en rabbinat ;

Vu le tableau de la population israélite de ladite communauté ;

Vu les délibérations des Conseils municipaux de Remiremont et du Thillot ;

Vu l'avis du Consistoire central des Israélites et celui de M. le Préfet des Vosges ;

Vu la loi du 18 juillet 1837 ;

Vu l'Ordonnance du 25 mai 1844 et le Décret du 29 août 1862 ;

Vu le budget des cultes pour l'exercice 1874 ;

Décrète :

Art. 1er. — La place de ministre officiant de Remiremont (Vosges) est convertie en rabbinat.

Art. 2. — Le traitement du titulaire de cette place est fixé à 1,400 fr.

Art. 3. — Le Ministre de l'instruction publique et des cultes est chargé de l'exécution du présent Décret.

Fait à Versailles, le 10 juillet 1874.

Signé Maréchal DE MAC-MAHON.

DÉCRET du 16 septembre 1874, créant une place de Rabbin à Reims.

Le Président de la République française,

Sur le rapport du ministre de l'instruction publique et des cultes ;

Décrète :

Art. 1er. — Il est créé un rabbinat à Reims (Marne), circonscription israélite de Lille.

Art. 2. — Le traitement du titulaire de cette place est fixé à 1,400 fr.

Art. 3. — Le Ministre de l'instruction publique et des cultes est chargé de l'exécution du présent Décret.

Fait à Versailles, le 16 décembre 1874.

Signé Maréchal DE MAC-MAHON.

DÉCRET *du 10 mars 1875, qui convertit en rabbinat la place de ministre officiant de Rouen.*

Le Président de la République française,

Sur le rapport du Ministre de l'instruction publique et des cultes;

Vu la demande formée par la communauté israélite de Rouen (Seine-Inférieure), à l'effet d'obtenir que la place de ministre officiant de cette ville soit convertie en rabbinat;

Vu le tableau de la population israélite de ladite communauté;

Vu la délibération du Conseil municipal de Rouen;

Vu les observations présentées par le Consistoire de la circonscription israélite de Paris, en réponse aux motifs exposés par le Conseil municipal;

Vu l'avis du préfet de la Seine-Inférieure;

Vu la loi du 18 juillet 1837;

Vu l'Ordonnance du 25 mai 1844 et le Décret du 29 août 1862;

Vu le budget des cultes de l'exercice 1875;

Décrète :

Art. 1er. — La place de ministre officiant de Rouen (Seine-Inférieure) est convertie en rabbinat.

Art. 2. — Le traitement du titulaire de cette place est fixé à 1,500 fr.

Art. 3. — Le Ministre de l'instruction publique et des cultes est chargé de l'exécution du présent Décret.

Fait à Versailles, le 10 mars 1875.

Signé Maréchal de MAC-MAHON.

DÉCRET *du 6 avril 1875, créant un rabbinat à Pau.*

Le Président de la République française,

Sur le rapport du Ministre de l'instruction publique et des cultes;

Décrète :

Art. 1er. — Il est créé un rabbinat à Pau (Basses-Pyrénées), circonscription israélite de Bayonne.

Art. 2. — Le traitement du titulaire de cette place est fixé à 1,400 fr.

Art. 3. — Le Ministre de l'instruction publique et des cultes est chargé de l'exécution du présent Décret.

Fait à Paris, le 6 avril 1875.

Signé Maréchal DE MAC-MAHON.

LOI CONSTITUTIONNELLE *du 16 juillet 1875.* — *Prières publiques.*

L'Assemblée nationale a adopté la loi dont la teneur suit :

Art. 1er. — Le Sénat et la Chambre des Députés se réunissent chaque année le second mardi de janvier, à moins d'une convocation antérieure faite par le Président de la République.

Les deux Chambres doivent être réunies en session cinq mois au moins chaque année.

La session de l'une commence et finit en même temps que celle de l'autre.

Le dimanche qui suivra la rentrée, des prières publiques seront adressées à Dieu dans les églises et dans les temples, pour appeler son secours sur les travaux des Assemblées.

RÈGLEMENT *du 1er janvier 1876, relatif aux écoles dites « Midraschim » en Algérie.*

Art. 1er. — Les Midraschim, tenus en Algérie par des maîtres indigènes, ne donnent que l'enseignement religieux et ne peuvent recevoir que des garçons.

Art. 2. — Nul Midrasch ne peut être ouvert sans l'autorisation du Recteur.

Cette autorisation n'est accordée qu'après avis du préfet et du maire, et sur la présentation : 1° d'un certificat de moralité, délivré en la forme ordinaire par l'autorité municipale ; 2° d'un certificat de capacité, délivré par le Grand Rabbin de la province.

Les Rabbis actuellement en exercice devront se munir de l'autorisation rectorale dans le délai de deux mois, sous peine de voir leurs établissements fermés.

Art. 3. — Tout Rabbi tiendra en français un registre d'inscription, sur lequel il inscrira les noms et prénoms de chaque élève, la date de la naissance, l'époque de l'entrée à l'école, le nom et le domicile des parents.

Art. 4. — Les Midraschim ne pourront recevoir les enfants de six à treize ans qu'en dehors des heures pendant lesquelles les écoles communales sont ouvertes, excepté dans le cas où il n'y aurait dans la localité d'autre école publique qu'une école congréganiste. — Ils pourront, à titre d'asile, avec l'autorisation du Grand Rabbin, s'ouvrir pour les garçons de moins de six ans, pendant les heures interdites aux enfants plus âgés. — Des cours spéciaux pourront être ouverts pour les enfants ayant dépassé l'âge de treize ans, désireux de continuer leurs études religieuses dans les Midraschim n'ayant pas le caractère d'asile.

Art. 5. — Avant d'admettre un enfant, le Rabbi s'assure qu'il a été inscrit sur les registres de l'état civil, qu'il a été vacciné ou qu'il a eu la petite vérole, et qu'il n'est point atteint de maladies ou d'infirmités de nature à nuire à la santé d'autres élèves.

Art. 6. — Le Rabbi devra veiller à la propreté, à la bonne tenue et à la santé de ses élèves. Il éloignera provisoirement de l'école tout enfant atteint d'une maladie contagieuse.

Art. 7. — Les élèves ne seront jamais frappés, ni soumis à aucune punition corporelle.

Art. 8. — Les Midraschim ne peuvent être tenus que dans un local sain, bien aéré, bien éclairé et d'une étendue suffisante pour le nombre des enfants qu'ils reçoivent.

Le nombre des élèves ne doit pas dépasser cinquante pour chaque maître.

Art. 9. — Le Rabbi tiendra son école dans un état constant de propreté et de salubrité ; elle sera arrosée et balayée chaque jour ; l'air y sera fréquemment renouvelé ; même en hiver, les fenêtres resteront ouvertes dans l'intervalle des classes.

Art. 10. — Les ministres du culte israélite ont droit d'inspecter les Midraschim de leur ressort, qui demeurent d'ailleurs soumis, comme les écoles françaises, à la surveillance de toutes les autorités scolaires énumérées aux chapitres 3 et 4 de la loi du 15 mars 1850.

Art. 11. — En cas de faute grave dans l'exercice de leurs

fonctions, d'inconduite ou d'immoralité, les Rabbis pourront être censurés, suspendus ou interdits par le Recteur de l'Académie.

Art. 12. — Les autorités préposées à la surveillance de l'instruction primaire sont chargées de l'exécution du présent Règlement, qui sera affiché, en français et en hébreu-arabe, dans tous les Midraschim.

Alger, le 1er janvier 1867.

Certifié conforme :

Le Recteur, signé DE SALVE.

DÉCRET du 13 janvier 1876, créant une quatrième place de Rabbin à Paris.

Le Président de la République française,

Sur le rapport du Ministre de l'instruction publique et des cultes ;

Vu la demande formée par le Consistoire de la circonscription israélite de Paris, à l'effet d'obtenir la création d'une quatrième place de Rabbin dans cette ville ;

Vu la délibération du Conseil municipal de Paris ;

Vu l'avis du Consistoire central des Israélites ;

Vu l'Ordonnance du 25 mai 1844 (spécialement l'art. 61) et le Décret du 29 août 1862 ;

Décrète :

Art. 1er. — Il est adjoint un quatrième Rabbin au Grand Rabbin du Consistoire de la circonscription israélite de Paris.

Art. 2. — Le traitement de ce Rabbin est fixé à 2,000 fr.

Art. 3. — Le Ministre de l'instruction publique et des cultes est chargé de l'exécution du présent Décret.

Fait à Paris, le 13 janvier 1876.

Signé Maréchal DE MAC-MAHON.

INSTRUCTION *du 14 février 1876 du Consistoire central aux
Consistoires départementaux, au sujet d'une dépêche ministérielle du 9 février 1876, relative à la dispense du service
militaire accordée, en conformité de l'article 20 de la loi du
27 juillet 1872, aux jeunes gens qui se destinent à la carrière
rabbinique.*

Paris, 14 février 1876.

Messieurs,

Nous avons l'honneur de vous adresser ci-joint copie de la
dépêche que M. le Ministre de l'instruction publique et des
cultes vient de nous transmettre, au sujet de la dispense du
service militaire accordée, en conformité de l'article 20 de la
loi du 27 juillet 1872, aux jeunes gens qui se destinent à la
carrière rabbinique.

Nous vous prions de vouloir bien suivre exactement les
instructions contenues dans cette dépêche. Nous vous recom-
mandons également de ne délivrer le certificat dont il est
question qu'aux jeunes gens qui prendraient l'engagement
décennal de se consacrer à la carrière rabbinique et qui justi-
fieraient qu'ils sont pourvus d'un certificat de M. le Grand
Rabbin de votre Consistoire, constatant qu'ils possèdent les
connaissances nécessaires pour être admis au Séminaire
israélite de Paris dans le délai d'une année. Les matières
exigées se trouvent déterminées par les articles 3 et 32 du
Règlement général d'administration pour le Séminaire.

Signé : Les Membres du Consistoire central.

Messieurs,

Le Ministre de la guerre prenant en considération les motifs
invoqués par l'Administration des cultes, particulièrement en
ce qui touche les candidats de l'Algérie, a consenti à modifier
les conditions auxquelles est accordée la dispense du service
militaire aux jeunes gens qui se destinent à la carrière rabbinique. Au lieu du certificat dont le Ministre de la guerre a
donné le modèle dans l'instruction du 28 avril 1873, les élèves
du culte israélite devront présenter un certificat ainsi conçu :

Le Consistoire de la circonscription israélite de ....
certifie à qui il appartiendra que le sieur ....   ,
fils de   ... et de ....   , né à   ...   ,
canton de   .... , est élève ecclésiastique et se prépare
à suivre les cours du Séminaire israélite de Paris pour exercer
les fonctions de Rabbin.

En conséquence, le Consistoire sollicite pour lui la dispense
du service militaire, à titre conditionnel, conformément à l'article 20 de la loi du 27 juillet 1872.

Pour le Consistoire de ....   et en vertu d'une délibération du ....

LE PRÉSIDENT.

Grâce à cette nouvelle mesure, la dispense pourra être
réclamée non seulement par les élèves qui sont déjà au Séminaire israélite, mais aussi par ceux qui seront autorisés par
leur Consistoire à se préparer à la carrière rabbinique.

La dispense sera accordée aux uns et aux autres sur la présentation du même certificat, et je vous prie, Messieurs, de
vouloir bien donner sans retard des instructions aux Consistoires israélites de France et d'Algérie, pour que ce certificat
soit entièrement conforme à la rédaction ci-dessus.

Signé Guillaume GUIZOT.

DÉCRET *du 26 février 1876, créant un rabbinat à Médéah*
(circonscription d'Alger).

Le Président de la République française,

Sur le rapport du Ministre de l'instruction publique et des
cultes;

Vu la demande formée, le 12 mars 1875, par le Consistoire
de la circonscription israélite d'Alger, à l'effet d'obtenir la
création d'un rabbinat à Médéah;

Vu la délibération du Conseil municipal de cette ville;

Vu l'avis du Consistoire central des Israélites;

Vu l'avis de M. le Gouverneur général de l'Algérie;

Vu le budget des cultes pour l'exercice 1876;

Décrète :

Art. 1er. — Il est créé un rabbinat à Médéah, circonscription
israélite d'Alger (Algérie).

Art. 2. — Le traitement du titulaire de cette place est fixé à 3,000 fr.

Art. 3. — Le Ministre de l'instruction publique et des cultes est chargé de l'exécution du présent Décret.

Fait à Paris, le 26 février 1876.

Signé Maréchal DE MAC-MAHON.

DÉCRET *du 26 février 1876, créant un rabbinat à Tlemcen (circonscription d'Oran).*

Le Président de la République française,

Sur le rapport du Ministre de l'instruction publique et des cultes ;

Vu la demande formée, le 31 octobre 1875, par le Consistoire de la circonscription israélite d'Oran, à l'effet d'obtenir la création d'un rabbinat à Tlemcen ;

Vu la délibération du Conseil municipal de cette ville ;

Vu l'avis du Consistoire central des Israélites ;

Vu l'avis de M. le Gouverneur général de l'Algérie ;

Vu le budget des cultes pour l'exercice 1876 ;

Décrète :

Art. 1er. — Il est créé un rabbinat à Tlemcen, circonscription israélite d'Oran (Algérie).

Art. 2. — Le traitement du titulaire de cette place est fixé à 3,000 fr.

Art. 3. — Le Ministre de l'instruction publique et des cultes est chargé de l'exécution du présent Décret.

Fait à Paris, le 26 février 1876.

Signé Maréchal DE MAC-MAHON.

DÉCRET *du 26 février 1876, créant un rabbinat à Bone (circonscription de Constantine).*

Le Président de la République française,

Sur le rapport du Ministre de l'instruction publique et des cultes ;

Vu la demande formée, le 13 décembre 1874, par le Consis-

7

toire de la circonscription israélite de Constantine, à l'effet d'obtenir la création d'un rabbinat à Bone;

Vu la délibération du Conseil municipal de cette ville;

Vu l'avis du Consistoire central des Israélites;

Vu l'avis de M. le Gouverneur général de l'Algérie;

Vu le budget des cultes pour l'exercice 1876;

Décrète :

Art. 1er. — Il est créé un rabbinat à Bone, circonscription israélite de Constantine (Algérie).

Art. 2. — Le traitement du titulaire de cette place est fixé à 3,000 fr.

Art. 3. — Le Ministre de l'instruction publique et des cultes est chargé de l'exécution du présent Décret.

Fait à Paris, le 26 février 1876.

Signé Maréchal DE MAC-MAHON.

DÉCRET *du 15 novembre 1876, réglant le mode de nomination des Rabbins de l'Algérie.*

Le Président de la République française,

Vu les Décrets du 26 février, portant création de rabbinats à Médéah, à Tlemcen et à Bone;

Vu l'Ordonnance du 25 mai 1844, le Décret du 29 août 1862 et les Décrets du 16 septembre 1867 et du 12 décembre 1872, relatifs à l'organisation du culte israélite en France et en Algérie;

Décrète :

Art. 1er. — Les Rabbins de l'Algérie seront nommés par le Consistoire central des Israélites.

Ils seront choisis parmi les israélites de France et d'Algérie âgés de vingt-cinq ans au moins et pourvus du diplôme rabbinique, délivré par le Consistoire central.

Leur nomination sera soumise à l'approbation du Ministre des cultes.

Art. 2. — Le Président du Conseil, Garde des sceaux, Ministre de la justice et des cultes est chargé de l'exécution du présent Décret.

Fait à Versailles, le 15 novembre 1876.

Signé Maréchal DE MAC-MAHON.

CIRCULAIRE MINISTÉRIELLE *du 8 janvier 1877*. —
Prières publiques. — *Tableau des rangs et préséances.*

Versailles, le 8 janvier 1877.

Monsieur le Président,

L'article 1er de la loi constitutionnelle du 16 juillet 1875 porte que, chaque année, « le dimanche qui suivra la rentrée » du Sénat et de la Chambre des Députés, des prières publiques » seront adressées à Dieu dans les églises et dans les temples, » pour appeler son secours sur les travaux des Assemblées ».

D'après cette disposition, combinée avec le paragraphe 1er du même article, les prières publiques prescrites par la loi constitutionnelle devront avoir lieu, cette année, le dimanche 14 janvier.

Je vous prie de prendre les mesures nécessaires pour assurer, en ce qui vous concerne, l'exécution de cette loi.

Je vous adresse à cette occasion un résumé des règles à suivre pour le placement des autorités et des corps constitués dans les cérémonies publiques religieuses. Des instructions conformes avaient été données par les Ministères de l'intérieur et de la guerre à tous les fonctionnaires relevant de leur département. Il s'est néanmoins produit encore quelques conflits. Mes collègues ont pensé qu'on arriverait aisément à les prévenir dans les cérémonies futures, si les évêques et les Consistoires voulaient bien faire dresser, pour les communes de leurs circonscriptions où des difficultés peuvent se présenter, un projet de placement à l'église ou au temple, et communiquer officieusement ce projet aux autorités qui ont le premier rang dans chacun des ordres appelés à prendre part à la cérémonie, de telle sorte que chacune d'elles soit à même de présenter, en temps utile, les réclamations qu'elle croirait devoir faire.

Cette mesure ne léserait aucun droit, et elle permettrait de régler à l'amiable des différends qui ont toujours de regrettables conséquences, lorsqu'ils se manifestent dans les cérémonies publiques : je la recommande donc très instamment à votre attention.

Agréez, Monsieur le Président, l'assurance de ma considération très distinguée.

Le Garde des sceaux Ministre de la justice et des cultes,

Signé L. MARTEL.

CÉRÉMONIES PUBLIQUES RELIGIEUSES

I

Dispositions à prendre par l'autorité ecclésiastique.

Les ordres du Chef de l'État pour les cérémonies publiques religieuses sont adressés aux archevêques et aux évêques. (*Décret du 24 messidor an XII, titre Ier, art. 5.*)

Lorsqu'il y aura dans le lieu de la résidence de l'archevêque ou évêque une ou plusieurs personnes qui le précèdent dans l'ordre général des rangs et préséances, le prélat se rendra chez le fonctionnaire auquel la préséance est due, pour convenir du jour et de l'heure de la cérémonie. Dans le cas contraire, il convoquera par écrit, au palais épiscopal, ceux des fonctionnaires placés après lui dans l'ordre des préséances, dont le concours est nécessaire pour l'exécution des ordres du Gouvernement. (*Ibid., art. 6.*)

S'il y a dans la ville épiscopale une autorité ayant préséance sur le préfet, il convient néanmoins que l'archevêque ou évêque s'entende avec ce dernier, qui a des instructions à donner dans les diverses communes de son département. (*Décisions du Ministre des cultes des 15 septembre 1807, 29 avril 1842, 1er mai 1851.*)

Lorsque le jour et l'heure de la cérémonie publique et religieuse ont été fixés, il appartient à l'autorité épiscopale de donner les ordres nécessaires pour l'exécution des dispositions prises. (*Décisions ministérielles des 18 février et 18 septembre 1809.*)

Les archevêques et évêques dans la ville de leur résidence, les curés et desservants dans leurs paroisses respectives, adresseront les invitations aux fonctionnaires et aux corps qui doivent assister à la cérémonie. (*Décisions ministérielles des 18 juillet 1814, 17 septembre 1830, 29 septembre 1852.*) Dans les paroisses autres que la ville épiscopale, les curés ou desservants se concerteront, pour les détails de la cérémonie, avec les sous-préfets ou les maires. (*Décision ministérielle du 20 septembre 1814.*)

L'autorité ecclésiastique, qui a la police et la surveillance des églises, déterminera les places qui seront assignées dans la cérémonie religieuse aux diverses autorités. (*Décisions ministérielles des 2 octobre 1807, 19 janvier 1809, 30 août 1810.*) Ces places sont réglées par le Décret du 24 messidor an XII, titre Ier, articles 9, 10 et 11, et l'article 6 du Décret du 28 décembre 1875.

L'ordre qui doit régner dans toutes les cérémonies religieuses, et la considération dont il importe que les autorités soient environnées, exigent qu'un ecclésiastique soit spécialement chargé de les recevoir, et de leur indiquer les places qui leur sont réservées. (*Décision ministérielle du 14 août 1813.*)

La cérémonie ne commencera que lorsque l'autorité qui occupera la première place aura pris séance ; cette autorité se retirera la première. (*Décret du 24 messidor an XII, titre Ier, art. 12.*)

II

Tableau des rangs et préséances dans les cérémonies publiques ordonnées par le Gouvernement.

§ Ier. — Rang des autorités ayant une place individuelle.

1. Cardinaux. (*Décret du 24 messidor an XII, titre 1er, art. 1er.*)
2. Ministres. (*Idem*).
3. Maréchaux, amiraux. (*Idem.*)
4. Grand Chancelier de la Légion d'honneur. (*Décrets des 4 février 1806 et 26 mars 1816.*)
5. Conseillers d'État chargés de missions extraordinaires en vertu de Décrets, (*Décrets des 24 messidor an XII et 28 décembre 1875.*)
6. Généraux de division ; — gouverneur de Paris ; — gouverneur de Lyon ; — commandants des corps d'armée et des régions de corps d'armée. — Vice-amiraux commandant en chef, préfets maritimes. (*Décret du 28 décembre 1875.*)
7. Grands-croix, grands officiers de la Légion d'honneur. (*Décret de messidor an XII.*)

8. Généraux de division commandant les régions après le départ des commandants des corps d'armée mobilisés. (*Décret du 28 décembre 1875.*)
9. Premiers Présidents des Cours d'appel. (*Décret de messidor an XII.*)
10. Archevêques. (*Idem.*)
11. Généraux de division commandant un groupe de subdivisions de région. (*Décret du 28 décembre 1875.*)
12. Préfets.
13. Présidents de Cours d'assises. (*Décret de messidor an XII.*)
14. Évêques. (*Idem.*)
15. Généraux de brigade commandant les subdivisions de région. — Contre-amiraux majors généraux de la marine. — Généraux de brigade commandant les subdivisions après le départ du corps d'armée. (*Décret du 28 décembre 1875.*)
16. Commissaires généraux de police. (*Décret de messidor an XII.*)
17. Sous-préfets. (*Idem.*)
18. Majors généraux de la marine qui ne sont pas contre-amiraux. (*Décret du 28 décembre 1875.*)
19. Président du Tribunal de première instance. (*Décret de messidor an XII.*)
20. Présidents de Tribunal de commerce. (*Idem.*)
21. Maires. (*Idem.*)
22. Commandants de place ou d'armes. (*Idem.*)
23. Présidents de Consistoires. (*Idem.*)
24. Commandeurs, officiers, chevaliers de la Légion d'honneur convoqués à la cérémonie. (*Décrets des 4 février 1806, 11 avril 1809 et 26 mars 1816.*)

§ II. — Rang des corps.

1. Sénat. (*Décret du 19 avril 1852.*)
2. Chambre des Députés. (*Idem.*)
3. Conseil d'État. (*Idem.*)
4. Cour de cassation. (*Décret de messidor an XII.*)
5. Cour des Comptes. (*Décret du 16 septembre 1807.*)
6. Conseil supérieur de l'instruction publique. (*Ordonnance du 17 février 1815.*)
7. Cours d'appel. (*Décret de messidor an XII.*)
8. État-major des gouverneurs de Paris et de Lyon. — État-major des corps d'armée de la région. (*Décret du 28 décembre 1875.*)
9. État-major de la préfecture maritime. (*Idem.*)
10. État-major de la région après le départ du corps d'armée. (*Idem.*)
11. État-major de la division. (*Idem.*)
12. Cour d'assises (*Décret de messidor an XII.*)

13. Conseil de préfecture. (*Idem.*)

14. Tribunal de première instance. (*Idem.*)

15. État-major de la majorité générale de la marine. (*Décret du 28 décembre 1875.*)

16. État-major de la brigade. (*Idem.*)

17. Corps municipal. (*Décret de messidor an XII.*)

18. Corps académique. (*Décret du 15 novembre 1811.*)

19. État-major de la place. (*Décrets de messidor an XII et du 28 décembre 1875.*)

20. Tribunal de commerce. (*Décret de messidor an XII.*)

21. Chambre de commerce. (*Décret du 1er septembre 1851.*)

22. Juges de paix. (*Décret de messidor an XII.*)

23. Commissaires de police. (*Idem.*)

DÉCRET *du 1er février 1877, augmentant le traitement des Grands Rabbins de Bordeaux, de Bayonne, de Lille, de Marseille, de Nancy, de Vesoul et de Lyon.*

Le Président de la République française,

Sur le rapport du Garde des sceaux Ministre de la justice et des cultes;

Vu la loi de finances du 29 décembre 1876, ouvrant le crédit pour les dépenses de l'exercice 1877;

Décrète :

Art. 1er. — Le traitement des Grands Rabbins des circonscriptions consistoriales israélites de Lille (Nord), Nancy (Meurthe-et-Moselle), Vesoul (Haute-Saône), Lyon (Rhône), Bordeaux (Gironde), Bayonne (Basses-Pyrénées), et Marseille (Bouches-du-Rhône), est porté de 3,500 à 4,000 fr.

Art. 2. — Ces augmentations courront à partir du 1er janvier 1877.

Art. 3. — Le Garde des sceaux Ministre de la justice et des cultes est chargé de l'exécution du présent Décret.

Fait à Versailles, le 1er février 1877.

Signé Maréchal DE MAC-MAHON.

DÉCRET *du 1er février 1877, augmentant le traitement des Rabbins de Saint-Étienne, Belfort, Reims, Rouen, Nantes, Châlons, Sedan, Valenciennes, Verdun, Lunéville, Toul, Remiremont, Pau.*

Le Président de la République française,

Sur le rapport du Garde des sceaux Ministre de la justice et des cultes ;

Vu le budget des cultes pour l'exercice 1877 ;

Décrète :

Art. 1er. — Est porté de 1,600 à 1,800 fr. le traitement du Rabbin de Saint-Étienne (Loire), circonscription consistoriale israélite de Lyon.

Est porté de 1,600 à 1,700 fr. le traitement du Rabbin de Belfort, circonscription de Vesoul.

Est porté de 1,400 à 1,600 fr. le traitement du Rabbin de Reims (Marne), circonscription de Lille.

Est porté de 1,500 à 1,600 fr. le traitement du Rabbin de Rouen (Seine-Inférieure), circonscription de Paris.

Sont portés de 1,400 à 1,500 fr. les traitements des Rabbins de Nantes (Loire-Inférieure), circonscription de Bordeaux ; de Châlons (Marne), de Sedan (Ardennes), et de Valenciennes (Nord), circonscription de Lille ; de Verdun (Meuse), et de Lunéville et de Toul (Meurthe-et-Moselle), circonscription de Nancy ; de Remiremont (Vosges), circonscription de Vesoul, et de Pau (Basses-Pyrénées), circonscription de Bayonne.

Art. 2. — Ces augmentations courront à partir du 1er janvier 1877.

Art. 3. — Le Garde des sceaux Ministre de la justice et des cultes est chargé de l'exécution du présent Décret.

Fait à Versailles, le 1er février 1877.

Signé Maréchal DE MAC-MAHON.

DÉPÊCHE MINISTÉRIELLE *du 14 février 1877, relative à l'exécution de l'article 13 de la loi des finances du 29 septembre 1876.*

Paris, le 14 février 1877.

Monsieur le Président, j'ai l'honneur de porter à votre connaissance les instructions relatives à l'exécution de l'article 13 de la loi de finances du 29 décembre dernier, que je viens d'adresser à MM. les Préfets, après m'être concerté avec mon collègue le Ministre des finances :

1° Les mesures prescrites par l'article 13 de la loi précitée seront appliquées aux curés, pasteurs, Rabbins et ministres officiants, comme aux desservants et aux vicaires ;

2° Le certificat d'identité, ou plus exactement d'exercice de fonctions qu'exige le législateur, sera délivré par l'autorité ecclésiastique au pied des états de situation du personnel du clergé qu'elle adresse, vers la fin de chaque trimestre, à la préfecture (Voir les formules nos 1, 2 et 3) ;

3° Un extrait de certificat collectif sera délivré dans la forme indiquée sous le n° 4, et joint à chaque mandat de paiement ;

4° Le certificat de résidence de chaque titulaire ecclésiastique, dans la circonscription qui lui est assignée, sera délivré sans frais et d'office par le maire de la commune où il habitera, et envoyé au sous-préfet de l'arrondissement le 1er des mois de mars, juin, septembre et décembre (Voir les formules 5, 6 et 7) ;

5° Les sous-préfets viseront les certificats et les adresseront à la préfecture le 5 de chacun de ces mêmes mois ;

6° Les préfets viseront ces certificats et les joindront aux mandats de paiement, lorsqu'ils adresseront ces mandats au Trésorier-payeur général chargé de les viser pour le paiement ;

7° En cas d'omission de la part des maires ou de refus non motivé de délivrer les certificats de résidence, les préfets y suppléeront, conformément aux dispositions de l'article 15 de la loi du 18 juillet 1837 ;

8° Ces certificats pourront être suppléés par une expédition des autorisations de congé, accordées dans les formes prescrites par l'article 4 de l'Ordonnance du 13 mars 1832, ou des arrêtés ministériels approuvant les dispenses de résidence exceptionnellement accordées aux titulaires ecclésiastiques.

J'appelle votre attention, Monsieur le Président, sur les dispenses exceptionnelles de résidence mentionnées dans ce dernier paragraphe. Ces dispenses pourront être accordées notamment dans le cas prévu à la tribune de la Chambre des Députés par mon honorable prédécesseur et admis sans contestation, c'est-à-dire lorsqu'une commune, chef-lieu de paroisse, sera hors d'état de fournir un presbytère ou d'assurer un logement au pasteur ou au Rabbin, conformément aux dispositions de l'article 30 de la loi du 18 juillet 1837 et de l'Ordonnance du 7 août 1842.

Ci-joint les modèles des certificats à délivrer, nos 3 et 6, les seuls qui intéressent le service des cultes non catholiques.

Recevez, Monsieur le Président, l'assurance de ma considération très distinguée.

Le Ministre des travaux publics, chargé de l'intérim
du Ministère de la justice et des cultes,

Signé Albert CHRISTOFLE.

EXTRAITS *des formules des certificats dressés pour l'exécution des lois de finances relatives à la résidence des ministres du culte.*

No 3.

Certificat d'exécution de service délivré par les présidents des Consistoires des Églises réformées, de l'Église de la Confession d'Augsbourg et des circonscriptions israélites, pour les pasteurs, Rabbins et ministres officiants.

Nous, président du Consistoire de ....,
certifions que les Pasteurs (Rabbins ou ministres officiants) dénommés au présent état ont rempli, dans le trimestre courant, les fonctions dont ils sont titulaires.

A ...., le .... 187....

(*Signature.*)

No 6.

Certificat de résidence des Pasteurs, Rabbins et ministres officiants.

Nous, maire de la commune de ....,
certifions que M. N..... (Pasteur, Rabbin ou ministre officiant) dans cette commune, y réside présentement.

A ...., le .... 187 .

ARRÊTÉ MINISTÉRIEL *du 28 mars 1877, créant une place de ministre officiant à Saint-Mihiel.*

Le Garde des sceaux Ministre de la justice et des cultes,

Vu la demande du Consistoire de la circonscription israélite de Nancy (Meurthe-et-Moselle), tendant à obtenir la création d'une place de ministre officiant à Saint-Mihiel (Meuse);

Vu l'avis du Consistoire central des Israélites;

Vu l'avis du préfet de la Meuse;

Vu le tableau de la population israélite de la communauté;

Vu l'Ordonnance du 25 mai 1844 et le Décret du 29 août 1862;

Vu le Décret du 12 septembre 1872, fixant les nouvelles circonscriptions;

Vu le budget des cultes pour l'exercice 1877;

Arrête:

Art. 1er. — Il y aura dans la commune de Saint-Mihiel (Meuse) un ministre officiant du culte israélite rétribué sur les fonds de l'État.

Art. 2. — Le traitement de ce ministre officiant est fixé à 600 fr. et courra à partir du 1er janvier 1877.

Fait à Versailles, le 28 mars 1877.

Signé MARTEL.

DÉPENSES DU CULTE ISRAÉLITE

PROJET DE BUDGET DE L'EXERCICE 1878.

Chapitre XVI. — *Personnel du culte israélite.*

1 Grand Rabbin du Consistoire central, à.........F.	12,000
1 Grand Rabbin du Consistoire de Paris, à..........	5,000
7 Grands Rabbins des Consistoires de *Bordeaux, Nancy, Marseille, Bayonne, Lyon, Lille* et *Vesoul*, à 4,000 fr...........................F.	28,000
4 Rabbins communaux, à 2,000 fr.................	8,000
3 Rabbins communaux, à 1,800 fr.................	5,400
4 Rabbins communaux, à 1,600 fr.................	6,400
10 Rabbins communaux, à 1,400 fr................	14,000

A reporter.............F. 78,800

Report ....F.		78,800
1 Rabbin communal, à 1,300 fr		1,300
2 Ministres officiants, à 2,000 fr		4,000
11 Ministres officiants, à 1,000 fr		11,000
2 Ministres officiants, à 900 fr		1,800
5 Ministres officiants, à 800 fr		4,000
2 Ministres officiants, à 700 fr		1,400
4 Ministres officiants, à 600 fr		2,400

Emplois à rétribuer, suivant les crédits alloués antérieurement   5,000

Total des traitements.......F. 109,700

Indemnité de logement du Grand Rabbin du Consistoire central............................F.   2,000
Secours à des ministres du culte israélite........... .   8,000
Dépenses du Séminaire israélite..   32,000
Indemnités au Consistoire central et à plusieurs Consistoires départementaux, pour frais d'administration..   14,100

ALGÉRIE

1 Grand Rabbin à Alger...... ....F.   6,000
2 Grands Rabbins à Constantine et à Oran, à 5,000 fr.. ..   10,000
3 rabbinats à 3,000 fr................................   9,000
Indemnités pour frais d'administration................   1,600

Chapitre XVII

Secours pour contribuer aux travaux des édifices du culte israélite...   20,000

Totaux................F. 242,400

Nota. — En 1852, les dépenses du culte israélite à la charge de l'État ne s'élevaient qu'à 167,000 fr.

Le projet de budget pour l'exercice 1879, déposé le 29 avril sur le bureau de la Chambre des Députés, contient de notables améliorations en faveur des Rabbins. Voici les modifications introduites dans le nombre et le traitement des Rabbins :

6 Rabbins à ....F.		2,000
4 Rabbins à		1,800
1 Rabbin à		1,700
5 Rabbins à		1,600
9 Rabbins à		1,500

DÉCRET *du 10 mai 1878, concédant un terrain au Consistoire d'Oran pour y construire son temple.*

Le Président de la République française,

Vu l'article 25 du Décret du 25 juillet 1860 ;

Vu l'article 1er du Décret du 10 juillet 1861 ;

Vu l'article 13 du Décret du 31 décembre 1864 ;

Vu la délibération du Consistoire israélite de la province d'Oran du 8 novembre 1877 ;

Vu l'avis du Conseil du Gouvernement en date du 21 mars 1878 ;

Sur le rapport du Ministre des finances, d'après les propositions du Gouverneur général civil de l'Algérie ;

Décrète :

Art. 1er. — Il est fait concession gratuite au Consistoire israélite de la province d'Oran, pour être affecté à la construction d'une synagogue, d'un terrain domanial situé à Oran, d'une contenance de 23 ares 84 centiares, faisant partie de la parcelle n° 211, section Est du plan de cette ville, et consigné sous l'article 1327, partie du sommier de consistance n° 1, tel, au surplus, qu'il est désigné au plan et dans l'état de consistance ci-annexés.

Art. 2. — Cette concession est faite sans aucune garantie de la part de l'État, contre lequel le Consistoire israélite concessionnaire ne pourra exercer aucun recours pour une cause quelconque.

Art. 3. — Le Consistoire est tenu d'assurer et de laisser audit immeuble la destination en vue de laquelle il lui est concédé, sous peine de rétrocession gratuite et immédiate au Domaine de l'État.

Il devra en outre, sous les mêmes peines, faire entreprendre les travaux de construction de la synagogue dans un délai de deux ans, à partir de la notification du présent Décret, et les faire achever cinq ans après le commencement des travaux.

Il supportera toutes les servitudes, charges et contributions de toute nature dont ledit immeuble est ou pourra être grevé.

A ces conditions, il en jouira et disposera en toute propriété, conformément aux lois, Décrets et Règlements en vigueur.

Art. 4. — Le Ministre des finances et le Gouverneur général civil de l'Algérie sont chargés de l'exécution du présent arrêté.

Fait à Versailles, le 10 mai 1878.

Signé Maréchal DE MAC-MAHON.

LETTRE *du Consistoire central au Consistoire de Lille. —
Approbation donnée à la fixation du ressort du rabbinat de
Valenciennes (Nord).*

Paris, 28 février 1879.

Messieurs,

En réponse à votre lettre du 27 janvier dernier, nous avons
l'honneur de vous informer que nous avons approuvé votre
proposition tendant à ce que la circonscription du rabbinat de
Valenciennes soit composée des trois arrondissements de Valenciennes, de Cambrai et d'Avesnes.

Ont signé : Les Membres du Consistoire central.

LETTRE *du Consistoire central au Ministre des cultes. —
Interprétation de l'article 5 du Décret du 29 août 1862. —
Électeurs.*

Paris, 11 mars 1879.

Monsieur,

Nos instructions relatives au paragraphe 1er du Décret du
9 février 1877 prescrivaient d'admettre dans le corps électoral,
à titre de souscripteurs annuels aux établissements de bienfaisance ou d'instruction placés sous l'autorité du Consistoire,
tous ceux qui contribueraient d'une manière régulière aux
frais du culte, notamment les locataires des places dans les
temples. Mais, du moins, faut-il qu'il s'agisse de locataires
sérieux, contribuant personnellement et d'une façon régulière
et permanente aux frais du culte, non de personnes qui ne
demandent des places qu'à la veille et en vue des élections,
bien moins encore de celles qui entendent profiter d'une
location prise en leur nom par un anonyme dans l'unique but
de leur procurer l'inscription sur la liste électorale. En pareil
cas, il y a non participation réelle et effective aux frais du
culte, mais manœuvre tendant à créer des électeurs en vue
d'une candidature déterminée, et ce n'est pas la première fois

Monsieur le Ministre, que le Consistoire central a condamné de tels agissements. Lors d'une précédente élection, il avait, à la date du 9 février 1877, autorisé le Consistoire de Bordeaux à ne pas accueillir de semblables demandes. Dans le cas actuel, le Consistoire déclare que les vingt-deux israélites dont il s'agit ne contribuaient à aucun des établissements placés sous son autorité, et que le versement fait en leur nom par un anonyme, à l'approche des élections, d'une modique somme de 2 fr. 50 c. pour location d'une place au temple, ne lui a pas paru devoir leur conférer la qualité de souscripteurs annuels exigée par l'article 5 du Décret du 29 août 1862.

LES MEMBRES DU CONSISTOIRE CENTRAL.

DÉCRET *du 5 novembre 1879, autorisant la fondation d'un prix annuel de 1,000 fr. par le sieur St-Paul, Victor-Aaron, et la dame Adèle Dalsace, son épouse, à décerner à un jeune israélite français ayant obtenu dans l'année le diplôme de docteur en droit.*

Le Président de la République française,

Sur le rapport du Ministre de l'intérieur et des cultes,

La Section de l'intérieur, de l'instruction publique, des cultes et des beaux-arts du Conseil d'État entendue,

Décrète :

Art. 1er. — Le Consistoire central des Israélites de France est autorisé à accepter, aux clauses et conditions énoncées dans un acte reçu le 2 mai 1879 par Me Auguste Jozon, notaire à Paris, la donation à lui faite par le sieur St-Paul, Victor-Aaron, et la dame Adèle Dalsace, son épouse, et consistant en un titre de rente 3 pour 100 sur l'État de 1,000 fr., destiné à la fondation d'un prix à décerner à un jeune israélite français ayant obtenu dans l'année le diplôme de docteur en droit.

Le titre de rente sera immatriculé au nom du Consistoire, conformément à l'une des clauses de l'acte de donation, et mention sera faite sur l'inscription de la provenance du titre et de la destination des arrérages.

Art. 2. — Le Ministre de l'intérieur et des cultes est chargé de l'exécution du présent Décret.

Fait à Paris, le 5 novembre 1879.

Signé Jules GRÉVY.

INSTRUCTIONS *du Consistoire central du 10 novembre 1879 au Consistoire de Lyon, au sujet de l'élection des délégués appelés à concourir à la présentation des candidats à un grand rabbinat ou à un rabbinat.*

Paris, 10 novembre 1879.

Messieurs,

En ce qui concerne l'élection des délégués appelés à concourir avec votre Consistoire à la désignation des trois candidats à présenter au Consistoire central pour la place vacante de Grand Rabbin de Lyon, nous croyons devoir vous prévenir que d'après les précédents, il n'y a pas lieu à confirmation du choix des délégués par l'autorité supérieure. Vous pouvez donc vous borner à nous transmettre une expédition du procès-verbal de l'élection des délégués, dès que les opérations relatives au second tour de scrutin auront été accomplies dans les deux communautés dont vous nous entretenez.

LES MEMBRES DU CONSISTOIRE CENTRAL.

———

DÉCISION *du Conseil d'État, en date du 28 novembre 1879, relative aux impôts Achour et Zekkat que l'autorité algérienne voulait maintenir contre les Israélites indigènes de l'Algérie.*

Le Conseil d'État,

Vu la requête présentée par le sieur Kalfallah Assoun ;

Vu l'Ordonnance du 17 janvier 1845, le sénatus-consulte du 13 avril 1863 ;

Vu l'arrêté du Ministre de la guerre du 5 novembre 1845 ;

Vu le Décret du 24 octobre 1870 ;

Ouï M. Baudenet, auditeur, en son rapport ;

Ouï M. Lehmman, avocat du sieur Kalfallah Assoun, en ses observations ;

Ouï M. Cazalens, maître des requêtes, commissaire du Gouvernement, en ses conclusions ;

Considérant que l'Ordonnance du 17 janvier 1845 a maintenu les impôts dus par les Arabes, au nombre desquels se trouvaient l'Achour et le Zekkat ; que si les Israélites indigènes ont dû y être assujettis au fur et à mesure qu'ils sont devenus propriétaires de terres ou de troupeaux, aucune disposition législative ou réglementaire n'a étendu ces impôts aux citoyens français ;

Considérant que le Décret du 24 octobre 1870, applicable à tous les Israélites des départements de l'Algérie, a conféré au sieur Kalfallah Assoun la qualité de citoyen français ; que, dès lors, le requérant est fondé à demander décharge des impôts Achour et Zekkat auxquels il a été assujetti, pour l'année 1877, sur le rôle de la commune de Kroubs ;

Décide :

Art. 1er. — L'arrêté attaqué du Conseil de préfecture de Constantine est annulé.

Art. 2. — Il est accordé décharge au sieur Kalfallah Assoun des impôts Achour et Zekkat auxquels il a été assujetti, pour l'année 1877, sur le rôle de la commune de Kroubs.

INSTRUCTIONS *du Consistoire central au Consistoire de Bordeaux relativement à l'ouverture d'un oratoire non autorisé.*

Paris, 28 janvier 1880.

Messieurs,

Quelle que soit la gravité de ces actes, ils échappent à toute mesure répressive, car la Cour de cassation a jugé à diverses reprises que les dispositions de l'Ordonnance de 1844 sont dépourvues de sanction légale. C'est ainsi qu'un arrêt du 20 février 1851 (§ 51, 1, 716) a relaxé un individu qui s'était immiscé dans les fonctions de schochet ; un autre arrêt du 23 août 1851 (§ 52, 1, 70), intervenu dans des circonstances analogues à celles de l'espèce actuelle, déclare que les infractions aux dispositions du Décret du 17 mars 1808 et de l'Ordonnance du 25 mai 1844, qui prohibent certaines assemblées de prières, ne constituent pas des contraventions tombant sous la pénalité prononcée par l'article 471, n° 15, du Code pénal.

Ce n'est pas à dire cependant, Messieurs, que vous soyez condamnés à rester témoins impassibles de faits qui portent une grave atteinte à l'autorité du Consistoire et à la dignité de votre vénéré Grand Rabbin. Mais pour que vous puissiez agir, il vous faut le concours de l'Administration.

8

C'est au Préfet de la Gironde qu'il appartient de prendre un arrêté ordonnant la clôture de l'oratoire s'il est ouvert, ou en interdisant la réouverture s'il est fermé. Toute infraction à cet arrêté tomberait sous l'application de la pénalité édictée par l'article 471, n° 15, du Code pénal.

LES MEMBRES DU CONSISTOIRE CENTRAL.

DÉCRET du 7 février 1880, portant fixation du traitement des Rabbins.

Le Président de la République française,

Sur le rapport du Ministre de l'intérieur et des cultes,

Vu la loi des finances du 21 décembre 1879, portant fixation du budget des dépenses de l'exercice 1880,

Décrète :

Art. 1er. — Le traitement des quatre Rabbins de Paris est porté à 2,500 fr.

Le traitement des Rabbins de Versailles et de Toulouse est porté à 2,100 fr.

Le traitement des Rabbins de Nice, de Besançon, d'Avignon et de Saint-Étienne est porté à 2,000 fr.

Le traitement du Rabbin de Belfort est porté à 1,950 fr.

Le traitement des Rabbins de Dijon, de Rouen, d'Épinal, de Nîmes et de Reims (Marne) est porté à 1,900 fr.

Le traitement des Rabbins de Nantes, de Pau et de Châlons-sur-Marne est porté à 1,850 fr.

Le traitement des Rabbins de Lunéville (Meurthe-et-Moselle), de Verdun (Meuse), de Toul (Meurthe-et-Moselle), de Valenciennes (Nord), de Sedan (Ardennes) et de Remiremont (Vosges) est porté à 1,750 fr.

Art. 2. — Le paiement de la portion desdits traitements afférente au premier trimestre 1880 sera effectué d'après le taux fixé dans l'article précédent.

Art. 3. — Le Ministre de l'intérieur et des cultes est chargé de l'exécution du présent Décret.

Fait à Paris, le 7 février 1880.

Signé Jules GRÉVY.

LETTRE *du Consistoire central au Ministre des cultes, concernant la nomination d'un ministre officiant alsacien-lorrain.*

Paris, 9 août 1880.

Aux termes de l'article 57 de l'Ordonnance du 25 mai 1844, la qualité de Français est indispensable pour être nommé aux fonctions de ministre officiant. Par conséquent, la candidature d'un alsacien-lorrain ne saurait être accueillie, si ce dernier ne justifie pas qu'il est naturalisé Français, ou qu'il a recouvré la qualité de Français, conformément aux dispositions de l'article 18 du Code civil. Toutefois, nous estimons que si un candidat alsacien-lorrain obtenait, avant le délai nécessaire pour la naturalisation, une décision qui l'admit à jouir de ses droits civils en France, il y aurait lieu de lui accorder une institution provisoire pour les fonctions de ministre officiant, ainsi que cela a déjà été pratiqué dans des cas analogues.

LES MEMBRES DU CONSISTOIRE CENTRAL.

LETTRE *du Ministre de la guerre à M. Isidor, Grand Rabbin de France, au sujet des permissions aux militaires du culte israélite à l'occasion des grandes solennités religieuses.*

MINISTÈRE DE LA GUERRE

Paris, 22 août 1880.

Monsieur le Grand Rabbin,

J'ai reçu la lettre du 19 courant, par laquelle vous me demandez d'accorder des permissions aux militaires appartenant au culte israélite, à l'occasion des grandes solennités religieuses de ce culte qui auront lieu le mois prochain.

Plusieurs de mes prédécesseurs vous ont déjà, à différentes reprises, exposé les considérations qui ne leur permettaient pas et qui ne me permettent pas plus qu'à eux de donner satisfaction complète à votre désir.

Mais j'adresse à ce sujet à MM. les Commandants de corps

d'armée une circulaire dont j'ai l'honneur de vous envoyer ci-joint un exemplaire, et qui servira de règle pour l'avenir.

Agréez, Monsieur le Grand Rabbin, l'assurance de ma haute considération.

Le Ministre de la guerre,

Signé FARRE.

CIRCULAIRE *du Ministre de la guerre à Messieurs les Gouverneurs militaires de Paris et de Lyon, les Généraux commandant les corps d'armée.*

MINISTÈRE DE LA GUERRE

Paris, 22 août 1880,

Mon cher Général,

À l'occasion des grandes solennités religieuses du culte israélite, il m'est fréquemment adressé des demandes de permission pour les militaires appartenant à ce culte.

Or, la circulaire du 10 octobre 1874, insérée au *Journal militaire officiel*, 2e semestre 1874, page 403, dispose que :

Les chefs de corps continueront à accorder aux protestants et israélites les permissions qui leur seront nécessaires pour suivre, dans les temples ou les synagogues, les offices de leur culte. Lorsque les cérémonies religieuses dureront plusieurs jours, le pasteur ou le Rabbin devra informer l'autorité militaire du temps pendant lequel leurs coreligionnaires devront être libres. Dans les camps, un local spécial sera mis à leur disposition, si leur nombre y comporte la présence d'un aumônier.

Je vous prie, en conséquence, de vouloir bien rappeler les prescriptions qui précèdent aux chefs de corps sous vos ordres, en les invitant à statuer sur les demandes de permission ou de dispense de service qui leur seraient adressées dorénavant par des Rabbins lors des fêtes du culte israélite.

Signé FARRE.

CIRCULAIRE *et* QUESTIONNAIRE *de M. Isidor, Grand Rabbin de France, à MM. les Grands Rabbins des diverses circonscriptions, pour faire une enquête morale, religieuse et philanthropique sur l'ensemble du judaïsme français.*

Paris, décembre 1880.

Monsieur et cher Collègue,

Le Consistoire central, désirant connaître la situation morale et religieuse de toutes les communautés de France, m'a chargé de lui faire un rapport détaillé et de lui fournir un travail d'ensemble sur ce sujet.

Je viens vous demander, cher Collègue, de vouloir bien m'aider dans cette tâche, en me donnant, autant que possible, les renseignements qui doivent entrer dans ce travail. MM. les Rabbins de votre circonscription s'empresseront, de leur côté, de vous prêter leur concours pour tout ce qui est de leur ressort.

Pour faciliter votre tâche et la leur, je crois bien faire de vous adresser ci-joint un résumé des points principaux sur lesquels devront surtout porter vos réponses. Il me parait inutile d'ajouter que j'accepterais avec plaisir tous les renseignements complémentaires que vous jugerez à propos d'y joindre.

Je vous serais très reconnaissant aussi de vouloir bien me signaler tout particulièrement les desiderata sur lesquels il serait utile d'appeler l'attention de l'Administration supérieure, soit en ce qui touche les questions d'instruction et de culte, soit au point de vue administratif.

I. ISIDOR,
Grand Rabbin de France.

P. S. Vous voudrez bien me faire parvenir votre travail d'ici à trois mois, si cela vous est possible.

RÉSUMÉ DES POINTS SOUMIS :

1º Statistique de la population israélite par circonscription, rabbinat et communauté?

2º Quelles sont les villes où les communautés sont constituées, celles ayant une population pouvant former un Minian, et celles où elle n'atteint pas le chiffre voulu?

3° A quelle somme s'élève le traitement du Grand Rabbin et des Rabbins?

4° L'indemnité de logement est-elle accordée par la ville de résidence, seule, ou par les villes du ressort réunies?

5° Le Conseil général accorde-t-il une subvention, et à quel titre?

6° Le Consistoire et les différentes communautés donnent-ils une subvention?

7° Les tournées pastorales sont-elles fréquentes, et par qui sont-elles payées?

8° Nom, âge du Grand Rabbin et des Rabbins, durée de fonctions, distinction honorifique, publication d'ouvrages?

9° Proportion de la population israélite et de la population locale; origine et date de la fondation de la communauté; éléments au point de vue du rite et des nationalités; est-elle dans une période de décadence ou de développement; à quelle cause les attribuer?

10° Y a-t-il la concorde et la paix?

11° Administrateurs de la communauté; mode de nomination?

12° Y a-t-il à côté des synagogues principales des succursales ou des oratoires privés; importance de la synagogue ou de l'oratoire comme contenance et valeur architecturale?

13° Quel est le propriétaire de l'immeuble; époque de la construction; état actuel?

14° La synagogue est-elle fréquentée toute l'année, et dans quelle proportion?

15° Le service religieux est-il organisé avec chœur et orgues?

16° Y a-t-il des cérémonies pour la circoncision, la présentation de l'enfant, la Bar-Mitzwah, l'initiation religieuse, le mariage et les anniversaires?

17° A-t-on introduit des changements dans le service; suppression des pioutim; prières en français?

18° Recettes et dépenses relatives au culte, à la location des places et à la distribution des Mizwoth?

19° Ministres officiants. — Nom, âge, situation des familles, degré d'instruction française, hébraïque et musicale; revenus du ministre officiant?

20° Depuis quand est-il dans sa dernière résidence ; est-il nommé par l'État ou par la communauté ?

21° A-t-il quelques occupations en dehors de ses fonctions ou remplit-il quelque autre fonction religieuse ?

22° Indiquer la communauté où le Rabbin remplit les fonctions de Hazan ; pourquoi cet usage ne s'est-il pas propagé ?

23° Écoles communales, consistoriales, ou simplement religieuses ?

24° Degré de l'instruction, nombre de classes et d'enfants ; y a-t-il des adjoints ; chiffre de la rétribution scolaire ; par qui est payée l'instruction des pauvres ?

25° Y a-t-il quelque pensionnat israélite ?

26° Y a-t-il des enfants ne fréquentant aucune école ?

27° Par qui est donnée l'instruction religieuse lorsqu'il n'y a pas d'école spécialement israélite ?

28° Le nombre des enfants israélites fréquentant les établissements non israélites, tels que collèges, lycées, écoles normales, écoles supérieures ?

29° Nom, âge, degré d'instruction, situation de famille des instituteurs, adjoints, professeurs d'hébreu ou aumôniers ?

30° Comités de bienfaisance, Sociétés de secours mutuels, de patronage, d'arts-et-métiers, autres institutions charitables ; but, ressources, résultat ?

31° Les institutions de bienfaisance générale sans caractère confessionnel acceptent-elles des israélites parmi les membres et les personnes secourues ?

32° Y a-t-il des hôpitaux, hospices ; ressources, dépenses, importance ?

33° Les hôpitaux de la ville ou du département ont-ils une salle réservée aux israélites ; les secours religieux y sont-ils assurés ?

34° Prisons. Le service religieux s'y fait-il régulièrement ; la dispense du travail est-elle accordée pour les jours de fête ?

35° Dans les prisons de femmes, nos coreligionnaires sont-elles à l'abri des tentatives de conversion ?

36° Y a-t-il des enfants israélites dans les colonies pénitentiaires ; proportion des français et étrangers parmi les prisonniers ?

37° Y a-t-il des confréries qui se chargent des derniers

devoirs ou des hommes payés *ad hoc*; y a t-il un service religieux pour les inhumations?

38° Le cimetière est-il la propriété de la communauté ou de la commune; dans ce dernier cas, la partie réservée aux israélites est-elle indépendante et séparée par une clôture?

39° La perpétuité des fosses est-elle assurée?

DÉCRET *du 13 janvier 1881, créant un Consistoire à Besançon (Doubs).*

Le Président de la République française,

Sur le rapport du Ministre de l'intérieur et des cultes;

Vu la loi du 22 décembre 1880, portant fixation du budget des dépenses de l'exercice 1881;

Vu l'avis du Consistoire central des Israélites en date du 10 décembre 1879;

Décrète:

Art. 1er. — Il est créé un Consistoire israélite à Besançon (Doubs).

Les départements du Doubs et du Jura sont distraits de la circonscription consistoriale israélite de Lyon et formeront la circonscription du nouveau Consistoire.

Art. 2. Le département de la Cote-d'Or est détaché de la circonscription consistoriale israélite de Nancy et réuni à celle de Nancy.

Art. 3. — Le traitement du Grand Rabbin de la circonscription consistoriale israélite de Besançon est fixé à 4,000 fr.

A partir du jour de l'installation du Grand Rabbin, le traitement de la place de Rabbin de Besançon, dont le présent Décret entraîne la suppression, cessera d'être à la charge du Trésor.

Art. 4. — Le Ministre de l'intérieur et des cultes est chargé de l'exécution du présent Décret.

Fait à Paris, le 13 janvier 1881.

Signé Jules GRÉVY.

DÉCRET *du 13 janvier 1881, créant une place de ministre officiant à Besançon (Doubs).*

Le Ministre de l'intérieur et des cultes,

Vu le Décret en date du 13 janvier 1881, qui crée un Consistoire israélite à Besançon (Doubs) ;

Arrête :

Il est créé à Besançon (Doubs) une place de ministre officiant du culte israélite rétribué sur les fonds de l'État.

Le traitement du ministre officiant de Besançon est fixé à 1,000 fr.

Fait à Paris, le 13 janvier 1881.

Pour le Ministre,

Le Sous-Secrétaire d'État,

Signé A. FALLIÈRES.

INSTRUCTIONS *du Consistoire central au Consistoire d'Alger sur l'élection du Président et du Vice-Président des Consistoires départementaux.*

Paris, 26 juillet 1881.

Les dispositions de l'article 4 du Décret du 29 août 1862 concernant l'élection du Président et du Vice-Président du Consistoire départemental étant muettes en cas de partage de voix entre les membres, nous pensons que dans le silence des textes, la présidence du Consistoire appartient au membre le plus âgé, et que la légalité de l'élection ne saurait être contestée. D'ailleurs, la question s'est déjà présentée, il y a quatre ans environ, dans des conditions identiques à celles d'aujourd'hui, et le Consistoire central, consulté par le Consistoire départemental, s'est prononcé, sans hésitation, en faveur de l'élu le plus âgé.

Toutefois, nous croyons devoir vous faire observer qu'il est d'usage dans les assemblées délibérantes de procéder, en pareil cas, à un troisième tour de scrutin. Cet usage a été formellement consacré par l'article 1er de la loi du 23 juillet 1870 sur les Conseils généraux.

LOI *du 14 novembre 1881, ayant pour objet l'abrogation de l'article 15 du Décret du 23 prairial an XII, relatif aux cimetières.*

Le Sénat et la Chambre des Députés ont adopté,

Le Président de la République promulgue la loi dont la teneur suit :

Article unique. — L'article 15 du Décret du 23 prairial an XII est expressément abrogé.

La présente loi, délibérée et adoptée par le Sénat et la Chambre des Députés, sera exécutée comme loi d'État.

Fait à Paris, le 14 novembre 1881.

Signé Jules GRÉVY.

L'article 15 du Décret du 23 prairial an XII était ainsi conçu :

Article 15. — Dans les communes où l'on professe plusieurs cultes, chaque culte doit avoir un lieu d'inhumation particulier; et dans le cas où il n'y aurait qu'un seul cimetière, on le partagera par des murs, haies ou fossés en autant de parties qu'il y a de cultes différents, avec une entrée particulière pour chacune, et en proportionnant cet espace au nombre d'habitants de chaque culte.

CIRCULAIRE *de M. Isidor, Grand Rabbin de France, à tous les Rabbins consistoriaux. — Offices religieux en l'honneur des morts.*

Monsieur et cher Collègue,

Je viens appeler votre attention sur un office religieux qui, se célébrant en l'honneur des morts, et fort souvent en présence d'hommes de tous les cultes, réclame, par des raisons faciles à comprendre, l'uniformité, la dignité, l'absence de toute distinction, en un mot, une organisation complète et immédiate : je veux parler du service des enterrements ! Sans doute, dans nos cérémonies du temple, il y a également ce défaut capital que nous déplorons, le manque d'unité, qui menace de stériliser nos efforts et d'amener peut-être pour l'avenir une situation difficile et dangereuse. Des progrès réels, on ne saurait le nier, ont été accomplis, des innovations fort heureuses, et auxquelles on ne peut qu'applaudir, ont été introduites dans le culte public ; mais n'étant pas admises partout, il est à craindre qu'il n'y ait bientôt autant de rites que de communautés, et la religion nous ordonne avant tout, vous le savez, de ne pas nous *diviser en groupes multiples :* לֹא תַעֲשׂוּ אֲגֻדּוֹת אֲגֻדּוֹת.

Cette question est grave, elle a besoin d'être méditée et approfondie. Pour le moment, je la soumets à vos méditations ; nous aurons l'occasion, un peu plus tard, de nous en occuper. Vous me soutiendrez dans la tâche de ramener un peu d'uniformité dans nos cérémonies du culte. La réglementation des cérémonies funèbres est plus facile : elle impose très peu de dépenses, et elle demande, à mon avis et au dire de beaucoup de nos frères, une application immédiate. Et ce qui rend cette mesure plus impérieuse encore, mon cher Collègue, c'est la nouvelle loi qui vient d'être promulguée relativement à la *laïcisation des cimetières*.

Devant le Ministre comme devant la Commission du Sénat, le Consistoire central, protestant contre le projet de loi, a donné comme raison principale de son opposition et s'est appuyé sur le fait que le cimetière était considéré dans notre culte comme une succursale du temple, qu'il s'y faisait régulièrement, à l'approche des grandes fêtes et presque tous les jours, au moment des enterrements, des cérémonies religieuses, des prières publiques prescrites et consacrées, et que, par conséquent, il était indispensable que les cérémonies et les prières eussent lieu, comme toutes les autres, dans un endroit exclusivement consacré au culte israélite.

La loi a été adoptée malgré nos observations ; cependant, il ne faut pas trop s'en effrayer encore ; j'espère qu'elle sera exécutée avec lenteur et ménagement. Mais il est nécessaire de confirmer, dès aujourd'hui, par la dignité, par la solennité, et surtout par l'universalité de ces cérémonies, la justesse de nos observations, le bien fondé des motifs allégués par nous contre la mesure, et les autorités françaises, si éclairées et si libérales, reculeront probablement devant les inconvénients et les difficultés qui résulteraient de l'application intégrale de la loi nouvelle.

D'ailleurs, vous savez, vous pasteur d'Israël nourri des enseignements de notre foi, vous savez de quel respect nous entourons les morts, et même le champ de repos si délicatement appelé « la demeure des vivants » ; vous savez que les honneurs rendus aux morts sont considérés comme la première des charités, *Heçed schel Emeth*, et que, par conséquent, ce que nous désirons établir n'est pas autre chose que l'accomplissement d'un devoir. Le culte des morts, prenant sa source dans nos livres saints, a son expression la plus vraie dans nos visites aux tombes de nos amis, dans notre empressement à les accompagner jusqu'à leur dernière demeure, et surtout dans nos prières, recueillies et émues, pour le repos de leur âme. Il ne faut pas oublier, d'un autre côté, et je le répète à dessein, que le service des morts est un service public célébré en présence d'hommes de toutes les classes et de tous les cultes, et que, par conséquent, il ne doit donner lieu à la moindre critique. On ne comprendrait pas qu'il y eût une distinction devant la mort, ni qu'on mit en terre un israélite sans une cérémonie religieuse.

Dans beaucoup de nos communautés, ce service est organisé depuis des années, et je ne saurais vous dire l'excellent effet qu'il produit partout ; il est pour tous les affligés une source de force et de consolation. Dans beaucoup d'autres communautés, on s'en préoccupe, mais il fait défaut dans certaines autres, parfois assez importantes.

Je pense donc, cher Collègue, que l'heure est venue de veiller à ce qu'un service régulier et uniforme soit organisé partout, et qu'il n'y ait plus désormais de communauté israélite en France où l'on ne trouve pas la même cérémonie, où l'on n'entende pas les mêmes prières, où l'on ne suive pas le même programme.

Quant au programme, je ne saurais mieux faire que d'adopter pour toute la France celui qui est suivi depuis des années à Paris ; il est simple, il s'applique à toutes les communautés et à toutes les situations.

Dans les communautés où il y a un Rabbin, vous lui demanderez, et certes pas un ne s'y refusera, j'en ai la conviction, d'assister en costume aux enterrements et de se conformer au programme adopté.

A défaut de Rabbin, ce service sera fait par le ministre

officiant, qui sera guidé au début par le Grand Rabbin ou le Rabbin de son ressort.

Dans les communautés où il n'y a pas de ministre officiant, ce qui est rare d'ailleurs, il ne faut pas que le service soit abandonné au premier venu des assistants. Vous ferez désigner, dans chacune des communautés qui se trouveraient dans ce cas, soit l'instituteur, soit le plus honorable des membres pour remplir ces fonctions.

Le programme se trouve imprimé dans le petit livre intitulé *Etz Haïm*, et publié à Paris. Il se compose des prières suivantes :

1° ‏אשר יצר אתכם בדין‎.

2° . . . .

3° ‏מנוחה נכונה‎.

4° Prière française (Dieu de bonté et de miséricorde).

5° ‏הצור תמים‎.

Pendant les jours fériés, on dira seulement la prière française et la prière hébraïque *Menouchah*, et Dieu, qui tient nos destinées entre ses mains, exaucera nos prières, nous tiendra compte de nos bonnes intentions et consolera les affligés.

Veuillez agréer, Monsieur et cher Collègue, l'expression de mes sentiments les plus dévoués.

I. ISIDOR,
Grand Rabbin.

DÉCRET du 24 décembre 1881, relatif à l'instruction religieuse dans les établissements d'instruction secondaire.

Le Président de la République française,

Sur le rapport du Ministre de l'instruction publique et des cultes,

Le Conseil supérieur de l'instruction publique entendu,

Décrète :

Dans les établissements publics d'instruction secondaire, le vœu des pères de famille sera toujours consulté et suivi en ce qui concerne la participation de leurs enfants à l'enseignement et aux exercices religieux.

L'instruction religieuse sera donnée par les ministres des différents cultes dans l'intérieur des établissements, en dehors des heures de classe.

Sont et demeurent abrogées les dispositions contraires au présent Décret.

Le Ministre de l'instruction publique et des cultes est chargé de l'exécution du présent Décret.

Fait à Paris, le 24 décembre 1881.

Jules GRÉVY.

DÉCRET *de janvier 1882, relatif à un crédit de 250,000 fr. à la synagogue d'Oran.*

Art. 1er. — Est et demeure annulé le crédit de 250,000 fr. porté par erreur, suivant état B annexé au Décret du 15 décembre 1881, au Ministère de l'instruction publique et des cultes, deuxième section, service des cultes, exercice 1881, chapitre 22 : Part de l'État dans les dépenses de construction de la synagogue d'Oran.

Art. 2. — Est et demeure rétabli le crédit de 250,000 fr. annulé par erreur, suivant état A annexé au Décret du 15 décembre 1881, au Ministère des travaux publics, première section, service ordinaire, exercice 1881, chapitre 34 *quater* : Travaux ordinaires en Algérie.

DÉCRET *du 11 décembre 1882.* — *Répartition des israélites en Algérie.*

Département d'Alger	Territoire civil..........	10,414
	Territoire militaire...	610
Département d'Oran	Territoire civil..........	14,370
	Territoire militaire...	188
Département de Constantine.	Territoire civil..........	10,006
	Territoire militaire....	69

INSTRUCTIONS *du Consistoire central au Consistoire de Marseille.* — *Loi du 14 novembre 1881 sur les cimetières.*

Paris, le 24 août 1883.

Messieurs,

La loi du 14 novembre 1881 ayant abrogé l'article 15 du Décret du 23 prairial an XII, toutes séparations dans les parties d'un cimetière communal réservées à des cultes différents se trouvent supprimées. On a même considéré, dans une commune voisine de Paris, que l'inhumation dans la fosse commune de tous les corps, sans distinction de culte, était une conséquence de l'état de choses nouveau.

Quel que soit le froissement que nos coreligionnaires puissent en éprouver, nous estimons qu'il n'y a qu'à se soumettre à la loi. Désormais donc, dans les cas où il n'y aura pas de concessions particulières, la fosse commune recevra tous les corps.

Mais rien ne sera changé dans l'accomplissement des prières qui accompagnent les inhumations.

Il appartiendrait au Maire de chaque commune d'adoucir par sa tolérance ce que la loi pourrait paraître avoir de trop rigoureux dans une circonstance donnée.

Au surplus, nous pensons que les communautés israélites ont toujours la faculté d'acquérir des terrains pour y établir des cimetières particuliers, la loi ne s'y opposant pas.

Signé : Les Membres du Consistoire central.

————

LETTRE *du Ministre de la guerre à M. Isidor, Grand Rabbin de France.*

Paris, 27 septembre 1883.

CONGÉ DE FÊTES

J'ai reçu la lettre du 25 septembre courant par laquelle vous me demandez d'accorder des permissions aux militaires appartenant au culte israélite, à l'occasion de la fête du Grand Pardon qui doit être célébrée pendant deux jours, à partir du 10 octobre prochain.

Ainsi que vous en avez été informé par la lettre de mon prédécesseur, en date du 20 juillet 1882, une circulaire du 22 août 1880, qui est toujours en vigueur, a invité MM. les Généraux commandant les corps d'armée à donner, sur la demande de MM. les Rabbins, aux militaires israélites sous leurs ordres, qu'ils appartiennent à l'armée active ou à la réserve, toutes les facilités compatibles avec le service pour accomplir les devoirs religieux de leur culte.

Vous pouvez donc être persuadé, Monsieur le Grand Rabbin, que vos coreligionnaires obtiendront de leurs chefs hiérarchiques, si les nécessités du service et de l'instruction militaire, à l'époque de la fête dont vous me parlez, le permettent, le temps nécessaire pour leurs exercices religieux.

Agréez, etc.

LE MINISTRE DE LA GUERRE.

LOI *municipale du 5 avril 1884.*

Art. 136. — Sont obligatoires pour les communes les dépenses suivantes :

11° L'indemnité de logement aux curés et desservants et ministres des autres cultes salariés par l'État, lorsqu'il n'existe pas de bâtiment affecté à leur logement et lorsque les Fabriques ou autres Administrations préposées au culte ne pourront pourvoir elles-mêmes au paiement de cette indemnité ;

12° Les grosses réparations aux édifices communaux, sauf lorsqu'ils sont consacrés au culte, l'application préalable des revenus et ressources disponibles des Fabriques à ces réparations, et sauf l'exécution des lois spéciales concernant les bâtiments affectés à un service militaire.

S'il y a désaccord entre la Fabrique et la commune quand le concours financier de cette dernière est réclamé par la Fabrique dans les cas prévus aux paragraphes 11° et 12°, il est statué par Décret sur les propositions des Ministres de l'intérieur et des cultes.

Art. 167. — Les Conseils municipaux pourront prononcer la désaffectation totale ou partielle d'immeubles consacrés, en dehors des prescriptions de la loi organique des cultes du 18 germinal an X et des dispositions relatives au culte israélite, soit aux cultes, soit à des services religieux ou à des établissements quelconques ecclésiastiques et civils.

Ces désaffectations seront prononcées dans la même forme que les affectations.

CIRCULAIRE du *Consistoire central, relative à l'article 136 de la loi municipale du 5 avril 1884.* — *Renseignements demandés à tous les Consistoires.*

Paris, 28 octobre 1884.

Aux termes de l'article 136 de la loi du 5 avril 1884 sur l'organisation municipale, les seules dépenses obligatoires qui pourront, à l'avenir, incomber aux communes sont les suivantes :

1º *L'indemnité de logement* aux ministres des cultes salariés par l'État, lorsqu'il n'existe pas de bâtiment affecté à leur logement, lorsque les Fabriques ou autres Administrations préposées aux cultes ne pourront parvenir elles-mêmes au paiement de cette indemnité ;

2º *Les grosses réparations* aux édifices communaux, lorsqu'ils sont consacrés aux cultes, l'application préalable des revenus et des ressources disponibles des Fabriques à ces réparations.

L'obligation antérieurement imposée aux communes de venir, d'une manière générale, au secours des cultes en cas d'insuffisance de leurs revenus, justifiée par leurs comptes et budgets, a été supprimée par la nouvelle loi, qui dispose encore que s'il y a désaccord entre la Fabrique ou l'Administration préposée au culte de la commune au sujet du concours financier de cette dernière dans un des cas énoncés « il est statué par Décret sur les propositions du Ministre des cultes », tandis que dans l'ancienne loi, l'inscription d'office, en pareil cas, avait lieu par arrêté du Préfet en Conseil de préfecture, pour toutes les communes ayant un revenu inférieur à 100,000 fr.

Par suite de ces changements, il est devenu nécessaire de centraliser dans nos archives les renseignements précis sur chaque communauté, tant en ce qui concerne les synagogues que les recettes et les dépenses du culte, les indemnités payées aux Rabbins et aux ministres officiants.

Nous vous remettons ci-joint un tableau qui renferme les points les plus importants sur lesquels doivent porter vos renseignements. Vous voudrez bien y ajouter tels autres que vous jugerez pouvoir être utilisés, lorsque des difficultés surgiront.

9

Nous n'avons pas besoin de vous recommander d'apporter toute votre attention à ce travail, qu'il importe, dans l'intérêt de nos communautés, de rédiger avec l'exactitude la plus grande et la plus scrupuleuse. Il devra nous parvenir avant la fin de l'année.

Pour les Membres du Consistoire central,

A. DE ROTSCHILD.

RENSEIGNEMENTS DEMANDÉS A TOUS LES CONSISTOIRES DE FRANCE ET D'ALGÉRIE

Communautés. — Nombre dans le ressort? — Population approximative par centre? — Électeurs inscrits?

Rabbins et ministres officiants. — A la charge de qui? — Quotité du traitement : de l'État, de la communauté? — Subventions diverses? — Leur logement ou indemnité de logement? — Quotité? — Nombre des communes qui y contribuent?

Communautés indépendantes. — Minianims ou oratoires privés, leurs ressources, leur personnel?

Édifices spéciaux consacrés au culte. — Nom du propriétaire, époque de la construction, état de l'immeuble et de l'entretien?

Locaux servant aux cultes à défaut d'édifices spéciaux. — Nature du local, prix de la location à la charge de qui?

Employés attachés à la synagogue. — Nombre, dénomination, classification, qualité et titres? — Quotité des appointements à la charge de qui?

Recettes et dépenses. — Compte rendu de l'exercice écoulé. — Projet de budget pour l'année prochaine.

NOTE *du Consistoire central des Israélites de France contre la suppression de l'allocation budgétaire du Séminaire israélite, proposée par la Commission du Budget.*

Novembre 1884.

Le Consistoire central des Israélites de France croit devoir signaler à l'attention de l'Administration supérieure les conséquences désastreuses qu'entraînerait la mesure proposée par la Commission du Budget, de la suppression du crédit de 32,000 fr. affecté à l'entretien du Séminaire.

Il craint que la Commission ne se soit pas suffisamment rendu compte du désarroi que cette mesure jetterait dans toute l'organisation du culte israélite, et qu'en la proposant, elle n'ait été égarée par le mirage du mot « Séminaire », qui lui a fait confondre, bien à tort, cet établissement avec des institutions d'une nature toute différente.

Les Décrets et Ordonnances qui régissent le culte israélite en France lui ont donné une constitution civile.

L'Assemblée nationale, en conférant aux juifs le titre de citoyens, avait respecté l'autonomie des communautés qui se régissaient et s'administraient au gré de leur volonté, sans lien entre elles et sans dépendance vis-à-vis du pouvoir.

Les fonctions du culte étaient confiées par elles à qui bon leur semblait, sans conditions de nationalité ou de capacité : bénédictions nuptiales, prédications, cérémonies funèbres, offices religieux, pouvaient être pratiqués par tous les fidèles. Le Rabbin n'était qu'un jurisconsulte à qui on soumettait les différends, qu'un casuiste à qui on demandait des consultations religieuses et dont l'opinion n'avait aucun caractère obligatoire pour ceux mêmes qui le consultaient. Quand une communauté voulait relever l'éclat de son culte, elle s'imposait des sacrifices d'argent, prenait à son service un bon chanteur pour réciter les offices, faisait venir un savant renommé pour faire résoudre les difficultés religieuses.

C'est Napoléon Iᵉʳ qui conçut l'idée de donner au culte israélite, jusque-là libre et indépendant, une organisation puissante, une hiérarchie de fonctionnaires.

L'article 21 du Décret organique du 17 mars 1808 confère aux Rabbins un ensemble d'attributions qui ne dérivaient nullement de la loi religieuse et qui en faisaient de véritables auxiliaires du pouvoir séculier. Aussi, l'article 20 leur imposait-il des conditions de nationalité ou de capacité qu'exigeait leur nouveau rôle.

On ne tarda pas à comprendre la nécessité de créer une école où pourraient se former et s'instruire les candidats aux fonctions rabbiniques. Dès 1809, le Consistoire central en demandait la création au Gouvernement, il fallut attendre vingt ans l'arrêté du 21 août 1829, qui autorisait enfin l'établissement d'une école rabbinique à Metz, dont le règlement et les programmes étaient soumis à l'approbation ministérielle. L'entretien de l'école, comme tous les frais du culte, dut être supporté par les communautés, pour le compte desquelles l'État faisait percevoir par ses agents les taxes imposées aux fidèles.

Survient la Révolution de 1830 : la Charte, en abolissant le principe de la religion d'État, allait consacrer en matière budgétaire l'assimilation complète des trois cultes reconnus.

Lorsque la loi du 8 février 1831 eut mis à la charge de l'État les traitements des ministres du culte israélite, l'Ordonnance royale du 28 mars suivant fixa immédiatement les frais d'entretien de l'École centrale rabbinique de Metz.

Si les crédits furent successivement augmentés, si, en 1859, lors de sa translation de Metz à Paris, l'école prit le titre de Séminaire rabbinique, elle n'en conserva pas moins son caractère originaire, elle n'en resta pas moins soumise à la surveillance de l'autorité civile. Le Gouvernement conserva la nomination du Directeur et des professeurs, la surveillance du programme des études et du Règlement intérieur. Aussi est-ce lui qui fait face aux frais d'administration de l'établissement et aux dépenses de l'enseignement. Aucune assimilation ne saurait donc être admise entre cet établissement purement laïque et les Séminaires catholiques, qui relèvent exclusivement de l'autorité ecclésiastique, et auxquels l'État ne concourt que par l'allocation des bourses.

A supposer que les Chambres suppriment les bourses des Séminaires catholiques, ces Séminaires, qui ont leur vie propre et indépendante, n'en continueront pas moins à subsister. Mais la suppression du crédit affecté au Séminaire israélite, c'est la destruction même de cet établissement; car ce ne sont pas seulement les bourses qu'on lui retire, ce sont les traitements de son Directeur et de ses professeurs, ce sont les frais d'entretien et d'administration, c'est, enfin, tout ce qui est indispensable à son fonctionnement.

Ce qui aggraverait encore cette mesure, c'est que le culte israélite n'a pas, comme les cultes chrétiens, des Facultés qui distribuent l'enseignement religieux, délivrent les diplômes et forment les jeunes gens au ministère sacré.

Si on nous enlevait le Séminaire, le Consistoire central, qui, aux termes de l'article 3 du Décret du 29 août 1862, confère les diplômes, ne pourrait plus accomplir cette partie de sa mission. C'est à l'étranger que nos pasteurs devraient aller se former, et la France ne fournirait plus au culte israélite les moyens d'assurer le recrutement de ses Rabbins ; ne serait-ce pas là le renversement de la constitution du culte juif, constitution toute spéciale à la France et qui lui a été donnée pour la mettre en harmonie avec la loi civile du pays ?

C'est l'État qui, en conférant au rabbinat des attributions qu'il n'avait pas antérieurement, a créé une situation nouvelle et exigé des Rabbins des connaissances, des examens, des diplômes que la religion ne leur imposait pas.

C'est l'État qui a aboli la taxe obligatoire des frais de culte, perçue par ses agents pour le compte des communautés, et l'a fait disparaître des mœurs israélites pour y substituer les allocations budgétaires ; et c'est l'État qui, après cette création d'une constitution civile du culte juif, et en la maintenant avec toute la rigueur des Ordonnances et des Décrets, c'est l'État qui retirerait les ressources indispensables pour y satisfaire !

La disparition du Séminaire israélite rendrait impossible le recrutement des Rabbins, et, par conséquent, romprait arbitrairement le contrat que toute la législation concernant le culte israélite démontre comme ayant été fait et accepté par l'État depuis plus de soixante-quinze ans.

CIRCULAIRE *du Ministre de la guerre en date du 9 février 1885. — Congés de Pâque.*

Mon cher Général,

J'ai l'honneur de vous informer que je maintiens, pour cette année, les dispositions prises par mon prédécesseur l'an dernier au sujet des permissions à accorder aux militaires de tous les cultes à l'occasion des fêtes de Pâques.

En conséquence, des permissions de huit jours pleins, du mardi soir 31 mars prochain au jeudi matin 9 avril suivant, seront délivrées, dans une proportion que vous déterminerez suivant les nécessités du service dans votre corps d'armée, aux sous-officiers, caporaux et soldats, engagés conditionnels compris, qui manifesteront le désir d'en obtenir et auront mérité cette faveur par leur bonne conduite. Ces permissions seront données aux militaires du culte israélite lors des fêtes de la Pâque juive, qui ont lieu cette année du 30 mars au 7 avril inclusivement.

Ceux des militaires qui servent en France, et dont les familles résident en Algérie, obtiendront, en sus de la permission dont il s'agit, le temps nécessaire pour faire, à leurs frais, le voyage d'Algérie ; ce temps sera calculé d'après les dates du départ des paquebots. Je rappelle que les prescriptions de la circulaire du 16 mars 1875 relatives à l'exécution de la loi du 27 juillet 1872 doivent toujours être observées. Je vous prie de donner des ordres pour assurer l'exécution des diverses dispositions qui font l'objet de la présente lettre.

Le Ministre de la guerre,
LEWAL.

AVIS *du Conseil d'État sur la question de savoir si les Consistoires israélites peuvent être autorisés à accepter les libéralités qui leur sont faites en vue de fondation ou d'entretien d'écoles et d'établissements de bienfaisance (Legs faits par le sieur Beyfus en faveur d'Œuvres qui constituent des dépendances du Consistoire israélite de Paris).*

Le Conseil d'État, qui, sur le renvoi ordonné par M. le Ministre de l'instruction publique, des beaux-arts et des cultes, a pris connaissance d'un projet de Décret tendant à autoriser le Consistoire israélite de Paris à accepter les libéralités résultant des dispositions testamentaires prises par le sieur Beyfus à la date du 24 avril 1882, et ainsi conçues :

1º Je lègue une fondation d'un lit à l'hôpital Picpus-Rothschild ;

2º Je lègue au Comité de Bienfaisance israélite de Paris la somme de 6,000 fr., à la charge de la partager entre les diverses institutions du Comité ;

3º Je lègue la somme de 1,000 fr. à l'école israélite de Paris ;

4º Je lègue mes livres et brochures, mes livres et cartons de musique au Comité de Bienfaisance, pour être partagés entre l'école de travail et autres établissements juifs semblables les plus dépourvus de livres.

Vu le testament du sieur Beyfus, en date du 24 avril 1882 ;

Vu les articles 910 et 937 du Code civil, la loi du 2 janvier 1817, les Ordonnances des 2 avril 1817 et 13 janvier 1831 ;

Vu le Règlement du 10 décembre 1806, organisant le culte israélite,

Le Décret du 17 mars 1808, rendant exécutoire ce Règlement,

L'Ordonnance du 29 juin 1819,

L'Ordonnance du 25 mai 1844, portant règlement pour l'organisation du culte israélite,

Considérant que les établissements publics ne sauraient être autorisés à recevoir des libéralités que dans l'intérêt des services qui leur sont légalement confiés et dans la limite des attributions qui en dérivent ; que la fondation ou l'entretien d'établissements scolaires et charitables ne rentre dans aucune des attributions spéciales conférées aux Consistoires israélites de la métropole par les textes ci-dessus visés,

Est d'avis :

Que les Consistoires israélites ne sauraient être autorisés à accepter des libéralités faites en vue de fondation ou d'entretien d'écoles et d'établissements de bienfaisance, et que, par suite, il y a lieu de remplacer l'article premier du projet de Décret par une disposition portant que le Consistoire israélite de Paris n'est pas autorisé à accepter les libéralités faites par le sieur Beyfus.

Cet avis a été délibéré et adopté par le Conseil d'État dans sa séance du 8 avril 1886.

Le Vice-Président du Conseil d'État,

Signé ED. LAFERRIÈRE.

———

DÉCRET *du 26 janvier 1887, qui reconnaît le Comité de Bienfaisance israélite de Paris comme établissement d'utilité publique.*

Le Président de la République française,

Sur le rapport du Président du Conseil, Ministre de l'intérieur et des cultes ;

Vu la délibération des Membres du Comité de Bienfaisance israélite de Paris, tendant à obtenir la reconnaissance légale de cette Œuvre ;

Vu la demande conforme du Président et les documents produits à l'appui de cette demande ;

Vu le projet de Statuts de l'Œuvre ;

Vu l'avis du préfet de la Seine ;

Vu l'avis du Conseil d'État du 17 janvier 1806 ;

La Section de l'intérieur et des cultes, de l'instruction publique et des beaux-arts du Conseil d'État entendue ;

Décrète :

Art. 1er. — Le Comité de Bienfaisance israélite de Paris est reconnu comme établissement d'utilité publique.

Sont approuvés les Statuts de l'Œuvre, tels qu'ils sont annexés au présent Décret.

Art. 2. — Le Président du Conseil, Ministre de l'intérieur et des cultes, est chargé de l'exécution du présent Décret.

Fait à Paris, le 26 janvier 1887.

Signé Jules GRÉVY.

BUDGET de 1887, *Journal officiel du 28 février 1887.*

Art. 26. — Personnel du culte israélite, 158,900 fr.

— Art. 26 *bis.* — Dépenses du Séminaire israélite, 22,000 fr.

Art. 27. — Secours pour les édifices des cultes protestant et israélite, 40,000 fr.

APPENDICE

CONTENANT

UNE NOTICE HISTORIQUE

SUR LES ISRAÉLITES DE L'ALGÉRIE

ET

DIVERSES NOTES

RELATIVES A L'ÉMANCIPATION DES ISRAÉLITES DE L'ALGÉRIE

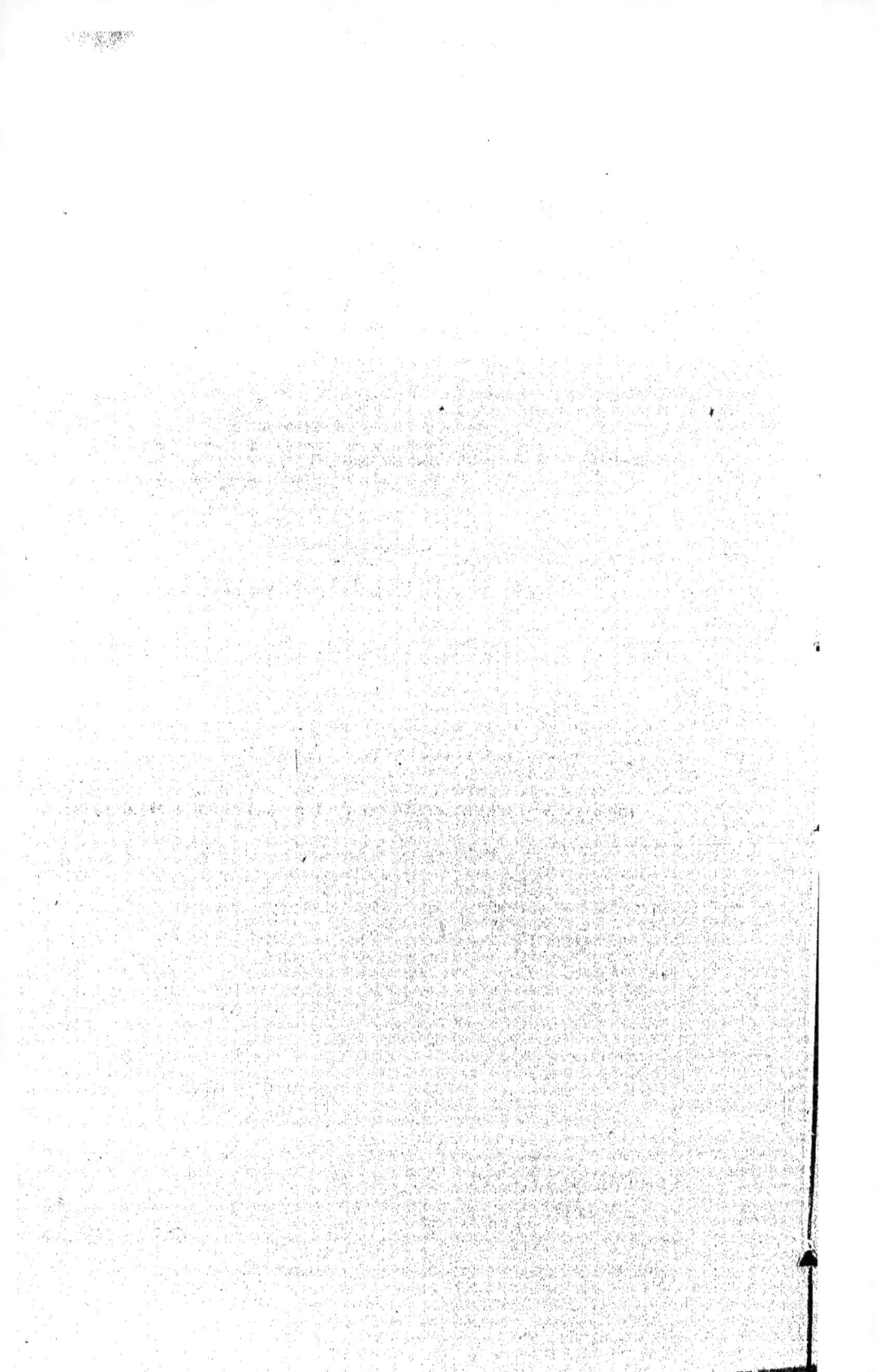

NOTICE HISTORIQUE

SUR LES

ISRAÉLITES DE L'ALGÉRIE

PAR

M. Ab. CAHEN
GRAND RABBIN

I

Les Juifs se trouvent en Afrique, ou plutôt dans la Libye, depuis la première prise de Jérusalem. Des traditions seules en font mention. On les voit arriver en très grand nombre vers l'an 320 avant J.-C., lorsque, d'après Josèphe, Ptolémée Soter transporte en Libye plus de cent mille Juifs. De grandes immigrations en augmentent plus tard le nombre. Mais nous ne connaissons aucun fait qui les concerne, pendant toute cette période. Les Romains, qui s'emparèrent de la Libye après la mort d'Apion, les traitèrent avec douceur et firent cesser toutes les tracasseries dont ils étaient l'objet de la part des Grecs. Différents documents, conservés par l'historien Josèphe, en donnent la preuve.

Une colonne de marbre, trouvée en Cyrénaïque et apportée de Tripoli (Barbarie) à Aix (Provence), porte une inscription qui fait l'éloge des traitements pleins d'humanité du gouverneur Marcus Titius à l'égard des Juifs du pays.

Au moment de la destruction du second temple, un grand nombre de Juifs zélateurs se retirèrent en Libye, où ils cherchèrent à soulever leurs coreligionnaires contre Rome. Mais

les Juifs du pays ne se laissèrent point entraîner, et dénon-
cèrent ceux qui voulaient les exciter à la révolte. Sous Trajan,
cependant, les Juifs de Libye et de Cyrénaïque n'eurent pas la
même prudence, et ils se révoltèrent contre l'autorité romaine
au moment même où un mouvement insurrectionnel de leurs
coreligionnaires éclatait en Babylonie, en Égypte et dans l'île
de Chypre. Trajan fut forcé d'envoyer contre eux un de ses
meilleurs généraux, Marcius Turbo, à qui il fallut du temps,
toute son habileté et une forte armée bien aguerrie pour soumettre les révoltés.

A part les conséquences de cette révolte, les Juifs vécurent
heureux et paisibles sous les Romains. Cependant, l'Église
chrétienne, à mesure qu'elle triomphait, lançait ses prohibi-
tions et ses foudres contre la Synagogue, et les empereurs
Constantin et Constance firent des lois sévères qui livrèrent les
Synagogues d'Afrique au zèle fanatique des chrétiens.

Les Vandales, en s'emparant de l'Afrique, accordèrent aux
Juifs la liberté d'exercer publiquement leur culte et de s'a-
donner à toutes les branches du commerce. Cette situation
prospère ne dura qu'un siècle environ. Dès que l'Afrique retomba sous le pouvoir des empereurs, les persécutions religieuses contre les Juifs recommencèrent.

Pendant tout le temps de la lutte des indigènes contre les
Byzantins, la situation des Juifs nous est totalement inconnue.
Il y eut cependant différentes immigrations des Juifs des autres
pays, entre autres celle de 613, lorsque Sisebut s'empara des
villes romaines de l'Espagne et en chassa tous les Juifs, qui se
réfugièrent en Afrique. A l'arrivée des Arabes, les Juifs recou-
vrèrent toute liberté pour l'exercice de leur culte. Sous les
premiers gouverneurs, ils furent à peu près traités comme les
Arabes. Des médecins juifs célèbres étaient attachés à différents
princes Aglabites et Fathémites. Mais Édris, en s'emparant du
Maghreb, força les Juifs et les chrétiens à embrasser l'islamisme, et une terrible persécution eut lieu au commencement
de son règne. Plus tard, les Juifs furent tolérés dans les différents pays soumis aux Édrissites. Au Xe et au XIe siècles, des
écoles brillantes existaient aux deux extrémités de l'Afrique
septentrionale : Fez et Kaïrouan jetèrent une vive lumière
dans le monde juif, par la science et l'érudition de leurs chefs
d'école. A l'avènement des Almoravites, les Juifs furent menacés

d'une terrible persécution qui fut conjurée à prix d'argent.
Mais les Almohades, en s'emparant du pouvoir, chassèrent
tous les Juifs qui ne voulaient pas embrasser l'islamisme.
Comme ils ne pouvaient se réfugier dans les pays européens
où leurs frères éprouvaient, au même moment, les effets funestes et intolérants de la deuxième croisade, ils furent forcés,
pour la plupart, de faire en public profession d'islamisme, tout
en restant fidèles à la loi de Moïse dans l'intérieur de leurs
demeures. De ce nombre fut la famille du célèbre Maïmonide.
Ce dernier fit, à cette occasion, sa lettre sur *la persécution,*
ou *traité de la sanctification du nom de l'Éternel, Igguéreth
Haschemad ou Maamar Kiddousch Haschem.* Il y combat l'opinion d'un Rabbin trop exclusif, qui prétendait que tous ceux
qui prenaient le masque de l'islamisme pour sauver leur personne ne devaient plus être regardés comme des Juifs. Maïmonide conclut néanmoins qu'on doit quitter le plus tôt possible
le pays où une pareille contrainte est imposée.

Les successeurs d'Abd-el-Moumen, premier prince des
Almohades, continuèrent la persécution religieuse. Heureusement pour les Juifs que les princes de cette secte ne restèrent pas longtemps en Afrique. Les Mérinites leur enlevèrent
le Maghreb, les Béni-Zian fondèrent le royaume de Tlemcen et
les Béni-Hafs ou Hafsites s'emparèrent du reste de l'Ifrikiah,
c'est-à-dire du pays de Constantine, de Tunis et de Tripoli.
Sous l'autorité de ces différentes dynasties, le sort des Juifs
s'améliora par la permission qu'ils eurent d'habiter librement
le pays et d'y exercer leur culte en payant des impôts. Mais
on les força de porter un costume jaune. Les princes les pro-
tégeaient, d'ailleurs, contre les émeutes suscitées de temps en
temps par des fanatiques musulmans. A cette époque, la science
juive tomba entièrement dans ce pays, au point qu'on était ar-
rivé à faire juger les différends de juif à juif par des juges
musulmans. Comme impôts, les Juifs étaient soumis à une taxe
régulière et fixe de capitation (Djeziah) qui devait être payée
en masse par la communauté, tant pour les riches que pour
les pauvres. C'était à la communauté à la répartir comme elle
le voulait. Mais outre cette taxe régulière, il y avait de conti-
nuelles réquisitions extraordinaires de vivres, de marchandises,
de bétail, des corvées qui pesaient fort lourdement sur les communautés.

En 1391, arrivèrent les émigrés d'Espagne, de Castille, de Majorque et d'Aragon. Les Arabes, en voyant cette affluence extraordinaire, firent des difficultés pour leur permettre de débarquer. Mais les chefs musulmans, sollicités par les Juifs du pays, firent cesser cette hostilité. Le fisc, d'ailleurs, y trouva un profit : chaque immigrant dut payer un doublon d'Espagne comme droit de débarquement. Ces nouveaux arrivants absorbèrent bientôt dans leur sein les anciennes communautés, qu'ils dominaient par leur science, par leur activité et par leur entente des affaires. C'est à cette époque, et pendant tout le siècle suivant, que la communauté d'Alger jeta un vif éclat, dû à la présence des Rabbins Barfat (Ribasch) et Duran (Raschbaz), ainsi que de leurs successeurs et élèves. Le premier avait été Rabbin à Saragosse, Tortose et Valence ; le second à Majorque. Toutes les autres communautés de l'Algérie eurent à leur tête des Rabbins distingués, arrivés comme ceux-là de la péninsule ibérique. L'expulsion des Juifs d'Espagne par Ferdinand et Isabelle, en 1492, vint encore renforcer toutes les communautés du nord de l'Afrique. Pendant toute cette période, les Juifs eurent peu de persécutions à subir de la part des Arabes ; d'ailleurs, celles qui avaient lieu étaient très courtes.

Pendant tout le xvi⁰ siècle, les Juifs vécurent assez paisiblement sous le gouvernement des Arabes et des Turcs. Partout où arrivaient les Espagnols, ils eurent à subir l'intolérance haineuse et inhumaine excitée par l'Inquisition contre la race juive. En 1509, à Oran ; en 1510, à Bougie ; en 1515, à l'île Djerba ; en 1535, à Tunis et à Tripoli, les Juifs eurent fort à souffrir des Espagnols. Aussi, lorsque ces derniers bloquèrent Alger, en 1541, les Juifs de cette ville furent dans la plus grande consternation, et un jeune général fut proclamé. La défaite des Espagnols fut accueillie avec joie, et la communauté institua à cette occasion deux jours de jeûne et de fête, *Pourim nessara,* que l'on célèbre encore aujourd'hui le 3 et le 4 Heswan de chaque année.

En 1541 à Bougie, et en 1543 à Tlemcen, les Juifs subirent encore des persécutions de la part des Espagnols. Pendant le xvii⁰ siècle, il y eut au Maroc plusieurs persécutions contre les Juifs, dont les suites se firent sentir dans le pays algérien. Les Espagnols, de leur côté, ne leur accordaient pas de grande protection.

En 1666, les Juifs furent expulsés de la ville d'Oran par ces derniers, et ils ne purent y revenir qu'en 1792, lorsque leurs persécuteurs eurent quitté la ville à tout jamais.

Dans tout le pays algérien, les Juifs relevaient du *Hakem el Blad*, chef de la ville, qui les administrait par l'intermédiaire de leur *Mokkadem* (préposé), nommé par lui. Le Mokkadem était un pacha au petit pied, et plus tyran encore à l'égard de ses coreligionnaires que les chefs arabes : il emprisonnait les Juifs et les faisait frapper de verges. Il avait aussi ses adulateurs, parmi lesquels il choisissait une sorte de conseil pour l'administration de la communauté. Ils étaient à sa discrétion et devaient, par conséquent, approuver tous ses actes. Il y avait cependant, à côté de cet autocrate et de son conseil, une autorité qui pouvait quelquefois contre-balancer celle du Mokkadem. C'était le Rabbin, qui, nommé par la communauté en même temps que par l'Administration, était tout à la fois juge des affaires civiles et des questions casuistiques. Or, dans la religion juive, toutes les questions de droit civil, de droit pénal et d'administration faisaient partie de la loi religieuse. Si le Mokkadem connaissait des délits, le Rabbin avait, de son côté, qualité pour juger tous les différends, même ceux qui surgissaient entre la communauté et ses chefs ; il avait aussi le droit de constater les infractions commises par le Mokkadem dans ses jugements et dans ses actes administratifs. Un Rabbin courageux pouvait donc retenir le chef de la communauté dans ses actes arbitraires. En ce qui concerne le service religieux, chacun était libre d'avoir des synagogues et des oratoires et de les administrer comme bon lui semblait. Tout ce qui concernait la situation civile, la répartition des impôts, des réquisitions, la police du quartier juif et la répression des délits, était dans l'attribution du Mokkadem et de son conseil, quand il voulait le consulter. A cette omnipotence du Mokkadem, il n'y avait qu'une limite : le caprice du pacha, qui pouvait à tout moment le faire jeter en prison ou même le faire décapiter. Ce chef de la communauté devait donc toujours chercher à plaire au pacha, à éviter tout ce qui pouvait lui aliéner sa faveur.

Il n'y avait aucun rapport direct ni hiérarchique entre les diverses communautés de l'Algérie, qui s'administraient chacune à sa guise. Alger avait cependant une prépondérance que lui donnait la supériorité de ses Rabbins.

Le commerce de toute l'Afrique septentrionale était presque exclusivement entre les mains des Juifs, grâce à leurs relations avec leurs coreligionnaires des autres contrées. Ils exerçaient aussi toutes sortes de métiers, et aucune industrie ne leur était interdite. Les industries exercées par les Arabes étaient abandonnées par les Juifs, parce qu'ils n'auraient pas trouvé de débouché pour les articles fabriqués par eux. Les industries dédaignées par les Arabes, parce qu'elles étaient dangereuses ou avilissantes, étaient imposées aux Juifs.

II

Les Français, en arrivant en Algérie, y ont trouvé, à côté de la population musulmane, la population israélite dont nous venons de retracer l'historique très résumé. Par la prise d'Alger, les Juifs sont devenus immédiatement sujets français, et ils ont accueilli avec enthousiasme l'autorité française, qui se substituait à l'autorité turque; ils savaient qu'ils ne seraient plus soumis à un arbitraire sans nom, qui, tout en les laissant libres de s'administrer eux-mêmes, était cependant peu agréable, à cause du manque de sécurité pour les personnes et pour les biens. *La capitulation d'Alger* (5 juillet 1830) stipule que *l'exercice de la religion mahométane restera libre, et que la liberté des habitants de toutes les classes, leur religion, leurs propriétés, leur commerce et leur industrie ne recevront aucune atteinte.* Cette capitulation, qui a été le point de départ de l'administration française en Algérie, s'appliquait aussi bien aux Israélites qu'à tout le reste de la population. La France s'est trouvée, dès les premiers jours, dans une situation fort difficile, tant à l'égard des Israélites qu'à l'égard des Musulmans. Le général Bourmont, en signant la capitulation, ne songeait sans doute point qu'il fallait faire une distinction entre les races orientales et les races occidentales, et que le mot *religion* qu'il employait avait une signification plus étendue pour les unes que pour les autres. Chez les Musulmans et chez les Israélites, le mot *religion* embrassait non seulement le culte, mais encore toutes les lois civiles, commerciales, correctionnelles et criminelles; tandis que pour lui, comme pour tous les autres Français, le même mot ne se rapportait qu'au culte et à la foi, et excluait tout ce qui concerne les lois civiles, commerciales et criminelles; cela était si vrai, que la première trace d'organisation judiciaire que nous trouvons, c'est l'arrêté du général en chef (9 novembre 1830) qui instituait provisoirement un tribunal spécial, composé d'un président, de deux juges et d'un procureur du roi auxquels étaient adjoints des juges musulmans ou israélites, lorsque des indigènes musulmans ou israélites étaient en cause. Cet arrêté, qui prouverait dans quel sens il fallait comprendre la capitulation, n'a jamais été exécuté, parce que certains politiques ont immédiatement fait comprendre la différence de signification du mot *religion*. Comme le gouvernement de la France a toujours tenu à remplir les engagements pris *en son nom*, un nouvel arrêté du général en chef (22 octobre 1830), décida : (art. 2) que toutes les causes entre Israélites, tant au civil qu'au criminel, seraient portées devant un Tribunal rabbinique, composé de trois Rabbins, qui prononcera souverainement et sans appel, d'après la teneur et suivant la forme des lois israélites; (art. 3) que les causes entre les Musulmans et les Israélites, tant au civil qu'au criminel, seraient portées devant le cadi maure, qui prononcera en première instance, et sauf appel à la Cour de justice. Enfin, l'article 10 porta que toute plainte contre les Tribunaux israélites serait portée devant le général en chef, qui en ordonnera. Par un autre arrêté du 12 mars, des gendarmes maures sont mis à la disposition du président du Tribunal des Rabbins pour l'exécution des jugements.

Il fallait aussi donner aux Israélites un *modus vivendi* quant aux affaires de la communauté, et pour tout ce qui concernait le culte proprement dit. Dès le 16 novembre 1830, la nomination d'un nouveau *chef de la nation juive* (Jacob Bacry) donna une sanction à l'ancienne institution du Mokkadem, avec tout l'arbitraire du temps des Turcs. Cependant, on comprit bientôt qu'il n'était pas possible de maintenir une pareille situation, grosse d'orages et de difficultés, et on adjoignit au chef de la nation un *conseil hébraïque* : leurs attributions respectives furent réglées par un arrêté du 21 juin 1831.

En 1832 (16 août), un arrêté restreignit le pouvoir des Tribunaux rabbiniques en déclarant les jugements correctionnels et criminels soumis à l'appel, les premiers devant la Cour de justice, les seconds devant le Conseil d'administration (art. 6), tout en maintenant au cadi un pouvoir de juge suprême. On attribua (art. 7) aussi la connaissance des affaires criminelles et correctionnelles entre Israélites et Musulmans à la Cour criminelle ou au Tribunal de police correctionnelle, suivant leur compétence respective. Cette restriction était un acheminement vers la suppression des Tribunaux rabbiniques, que réalisa en partie l'Ordonnance royale du 10 août 1834.

Cette Ordonnance enleva toute juridiction criminelle ou de police aux Tribunaux rabbiniques (art. 32); elle leur laissa seulement la connaissance : 1° des contestations entre Israélites concernant la validité ou la nullité des mariages et répudiations, selon la loi de Moïse; 2° des infractions à la loi religieuse, lorsque, d'après la loi française, elles ne constituent ni crime, ni délit, ni contravention (art. 43). Ces Tribunaux rabbiniques, dit le même article 43, *concilient les Israélites qui se présentent volontairement et contestent entre eux toute convention civile.* TOUTES AUTRES ATTRIBUTIONS LEUR SONT INTERDITES A PEINE DE FORFAITURE. Les Israélites ne sont plus justiciables des Tribunaux musulmans lorsqu'ils ont quelque contestation avec un musulman. Enfin, l'Ordonnance des 28 février 27 avril 1841 (art. 50) dit que les Rabbins désignés pour chaque localité par le Gouvernement sont appelés à donner leur avis écrit sur les contestations relatives à l'état civil, aux mariages et répudiations entre les Israélites. Cet avis demeurera annexé à la minute du jugement rendu par les Tribunaux français. Les Rabbins prononceront sur les infractions à la foi religieuse lorsque, d'après la loi française, il n'y a ni délit, ni crime, ni contravention. Par cet article, toutes autres attributions leur étaient interdites, et cette loi mit fin aux Tribunaux rabbiniques. L'Ordonnance de 1842 (26 septembre-22 octobre) ne constate (art. 32) qu'un fait accompli, en disant : *Les ministres du culte israélite, institués à un titre quelconque par le Gouverneur général pour l'exercice de la police du culte, n'ont aucune juridiction sur leurs coreligionnaires, lesquels sont exclusivement justiciables des Tribunaux français, sauf toutefois la disposition contenue à l'article 49 ci-après :* Cet article 49 n'est que la répétition de l'article 50 de l'Ordonnance de 1841, mentionné ci-dessus.

Comme on leur reconnaissait toujours la dénomination *d'indigènes*, ils sont restés longtemps encore, dans les territoires militaires, justiciables des Conseils de guerre et des commandants de place, faisant fonction de juges de paix. Ces derniers trouvaient plus simple encore de les envoyer devant les cadis, et de cette manière, ils sont restés longtemps justiciables des Tribunaux musulmans, sinon légalement, du moins de fait, malgré de fort nombreuses réclamations.

Ainsi que nous venons de le voir, à partir de 1841, les Israélites n'eurent plus de juridiction distincte de celle des Français, dont les Tribunaux connurent de toutes les affaires, sauf à appliquer la loi mosaïque en ce qui concernait le statut personnel. Disons, pour en finir avec la situation judiciaire, que la jurisprudence n'a jamais été bien fixe en Algérie au sujet des différentes questions que soulevait le statut personnel. Les Tribunaux civils, la Cour d'Alger et la Cour de cassation se contredisaient fréquemment dans l'application. Ce qui avait surtout soulevé de grandes contradictions, c'était l'effet que pouvait produire le mariage civil avant la naturalisation. De 1830 à 1843, les mariages civils étaient excessivement rares ; en 1843, une circulaire du Procureur général près la Cour d'Alger exhorta les Israélites indigènes à faire constater leurs mariages par l'officier de l'état civil français. Cette circulaire, lue dans les synagogues, eut pour résultat d'amener les Israélites à se marier civilement, beaucoup plus que par le passé. Dans certaines communautés, les Rabbins eurent défense de célébrer les mariages religieux avant que le mariage civil n'ait eu lieu.

Quand on vint devant les tribunaux pour contester l'indissolubilité du mariage, certains tribunaux regardèrent le mariage civil sans aucun effet et maintinrent aux parties le droit de répudiation, de bigamie, etc. ; tandis que d'autres, au contraire, jugèrent que le fait de s'être présentées devant l'officier de l'état civil prouvait l'option des parties, et déclarèrent les mariages civils indissolubles. La Cour d'Alger jugeait comme les premiers ; la Cour de cassation donna souvent raison aux derniers. C'est dans cette situation indécise que survint le sénatus-consulte de 1865 (14 juillet-16 août), dont un article est ainsi conçu : *L'Indigène israélite est Français ; néanmoins, il continue à être régi par son statut personnel. Il peut être admis à servir dans les armées de terre et de mer. Il peut être appelé à des fonctions et emplois civils en Algérie. Il peut, sur sa demande, être admis à jouir des droits de citoyen français ;*

dans ce cas, il est régi par la loi française. De l'interprétation de cet article ont surgi de nombreuses et grandes difficultés, et la jurisprudence a présenté de plus grandes contradictions que par le passé : les mots de *statut personnel* n'étant pas interprétés de la même manière par la Cour d'Alger que par la Cour de cassation.

Telle était la situation des Israélites en Algérie au point de vue judiciaire. Quant à la situation administrative et politique, elle eut à subir de grandes fluctuations. Les meilleures intentions du Gouvernement étaient toujours abandonnées par le désir, sans limite, de ne point déplaire aux Arabes ; c'était toujours le grand argument de ces politiques qui, dès le premier jour, ont interprété la capitulation dans le sens dont, aujourd'hui encore, l'Algérie subit les conséquences. A chaque pas en avant que voulait faire le Gouvernement de la métropole en faveur des Israélites de l'Algérie, on mettait en avant la grande question : « Qu'en penseront les Arabes ? » C'était le vainqueur qui craignait le vaincu ; et le vaincu, au lieu d'y voir la condescendance d'une nation forte, regardait cela comme de la pusillanimité. Cependant, dès les premiers jours, les Israélites prirent pied dans les Conseils. Dans les différentes tentatives d'établir des Conseils municipaux, l'élément israélite fut toujours représenté. Dès le 9 janvier 1831, deux Israélites sur sept Musulmans faisaient partie du Conseil municipal indigène. Il y eut même pendant longtemps un adjoint israélite pour la ville d'Alger qui, par un arrêté des 28-31 mars 1836, fut chargé des attributions de chef de la nation. Ces adjoints israélites étaient institués dans certaines localités en conformité d'un arrêté du 1er septembre 1834. Les Israélites continuèrent à siéger dans les Conseils municipaux à titre d'Israélites dans toutes les communes où leur nombre leur donnait un pareil droit. Il en fut de même pour les Conseils généraux lorsqu'ils furent créés, en 1858, par le Ministère de l'Algérie. Les Israélites furent également introduits dans les Chambres de commerce, et toujours à titre d'Israélites indigènes. Le Conseil supérieur leur resta toujours fermé, malgré la présence dans son sein des représentants du culte catholique. Aujourd'hui encore, aucun représentant du culte israélite n'y siège à ce titre, et toutes les réclamations du Consistoire d'Alger sont restées sans aucun résultat.

En 1870, après de nombreuses pétitions des communautés israélites de l'Algérie, surtout après l'enquête de M. le comte Lehon, le Gouvernement impérial allait proclamer la naturalisation collective des Israélites algériens, et le Décret en était déjà soumis à la délibération du Conseil d'État, lorsque la guerre éclata. Le Gouvernement de la Défense nationale, dont la Délégation siégeait à Tours, réalisa cette pensée généreuse du Gouvernement impérial, et, par le Décret du 24 octobre 1870, il accorda la naturalisation aux Israélites indigènes de l'Algérie. Notre éminent coreligionnaire, M. Crémieux, membre du Gouvernement de la Défense nationale, se fit un bonheur d'incorporer ses frères algériens dans la masse du peuple français, et de leur accorder cette naturalisation à laquelle ils aspiraient depuis de longues années. Cette mesure libérale et salutaire fut hautement approuvée par les esprits justes et éclairés tant en Algérie qu'en France. Mais elle rencontra aussi des détracteurs qui bientôt soulevèrent l'opinion et organisèrent un pétitionnement tendant à l'abroger (19 juin 1871). Un mois après (21 juillet), M. Lambrecht, ministre de l'intérieur, déposait sur le bureau de l'Assemblée nationale un projet de loi en un seul article, ayant pour objet d'*abroger le Décret du 24 octobre 1870, qui déclarait citoyens français les Israélites indigènes de l'Algérie*. L'urgence fut déclarée, et une Commission fut chargée d'examiner le projet de loi. Dans la séance du 21 août, M. de Fourtou fut chargé par la Commission de déposer un rapport dont les conclusions furent de substituer à l'article unique du projet de M. Lambrecht un *nouveau projet* composé des sept articles suivants :

Art. 1er. — Le Décret rendu le 24 octobre 1870 par la Délégation de Tours à l'effet de déclarer citoyens français les Israélites indigènes des départements de l'Algérie est et demeure abrogé.

Art. 2. — Néanmoins, les Israélites indigènes de ces départements pourront, par une simple déclaration de volonté, rester soumis, quant au statut personnel, à la loi civile française.

Art. 3. — La déclaration dont il s'agit à l'article précédent, devra être faite avant le 1er mars 1872, par le déclarant en personne, devant le maire de la commune de son domicile. Elle devra être inscrite sur un registre spécial.

Le déclarant devra être âgé de vingt et un ans et justifier de sa naissance dans le département soit par un extrait des actes de l'état civil, soit par un acte de notoriété dûment établi.

Art. 4. — Les Israélites indigènes des départements de l'Algérie pourront réclamer, jusqu'au 1er mai 1872, la conservation des droits attachés à la qualité de citoyen français.

Art. 5. — Leurs demandes seront adressées au préfet du département dans lequel ils résident. Ce magistrat procédera d'office à une enquête sur les antécédents et la moralité des réclamants. Il vérifiera si les conditions d'indigénat sont remplies, et réclamera l'avis du Conseil général ou de sa délégation.

Le préfet transmettra, dans le plus bref délai possible, avec son avis, la demande et les pièces de l'instruction au Gouverneur général civil de l'Algérie, qui statuera en son Conseil.

Art. 6. — Jusqu'à l'élection des Conseils généraux et la constitution d'un Conseil de gouvernement, les préfets et le Gouverneur général pourront procéder seuls.

Art. 7. — Après le 1er mars 1872, l'admission des indigènes israélites aux droits des citoyens français sera réglée conformément aux lois et Décrets antérieurs.

L'Assemblée nationale se sépara sans avoir statué sur la question. Cependant, de nouvelles élections municipales et générales se préparaient en Algérie; elles allaient avoir lieu avant que le retour de l'Assemblée permit de trancher la question qui lui était soumise; le Gouvernement de M. Thiers prit une mesure provisoire à l'égard des Israélites, et un Décret du 7 octobre 1871 régla les formalités que les Israélites indigènes devaient remplir pour établir leur indigénat et être admis à exercer leurs droits électoraux jusqu'à révision par l'Assemblée nationale du Décret du 24 octobre 1870. Cette situation existe encore aujourd'hui pour les Israélites algériens.

Quant à l'organisation du culte israélite en Algérie, elle fut longtemps négligée et laissée dans l'état arbitraire où la France l'avait trouvée, sans qu'on ait songé à faire quoi que ce fût pour l'améliorer, ou seulement pour la réglementer. Le chef de la nation d'abord, l'adjoint au maire ensuite, s'arrogeaient des pouvoirs et une autorité qu'ils n'avaient point; on détruisit pièce à pièce l'ancienne organisation, qui était à la fois sociale et religieuse : tous les actes gouvernementaux que nous avons mentionnés refaisaient un à un tous les éléments sociaux. On

ne songea que bien tardivement à s'occuper des soins moraux
et religieux, à leur donner une satisfaction compatible avec la
nouvelle situation faite aux Israélites.

Enfin, le Gouvernement forma une Commission pour étudier
la question. Il fut secondé dans cette tâche par des Israélites
français, généreux et dévoués, qui se transportèrent sur les
lieux pour préparer le terrain à la nouvelle organisation projetée. Les voyages, les lumières et les démarches de MM. Altaras, Albert Cohn et Joseph Cohen ne furent pas sans influence
sur les travaux de la Commission, qui aboutirent à l'Ordonnance du 9 novembre 1845, instituant un Consistoire central à
Alger et deux Consistoires provinciaux à Oran et à Constantine.

Le service du culte releva du Ministère de la guerre. Un
arrêté des 16 août-9 septembre 1848 le rattacha au Ministère
des cultes. Par cet arrêté, les Israélites étaient assimilés aux
Français, tandis que le culte musulman restait attaché au
Ministère de la guerre. Suivant l'article 3, le Grand Rabbin du
Consistoire israélite algérien devait correspondre directement
avec le Ministre des cultes pour tout ce qui concernait l'administration du Consistoire. Mais cela ne changea en rien
l'organisation de 1845, et à plusieurs reprises on chercha à
la modifier, notamment en 1850 et en 1857, où des projets de
Règlement furent envoyés aux autorités et aux Consistoires
pour qu'ils donnassent leur avis.

En 1862 seulement, un Décret du 25 août rattacha tout ce
qui concerne le culte israélite de l'Algérie à l'Administration du
Consistoire central de France, à Paris (art. 17), sans apporter
aucune autre modification à l'Ordonnance de 1845. Ce n'est
que par Décret du 16 septembre 1867 qu'on transforma le
Consistoire central algérien et les deux Consistoires provinciaux en trois Consistoires égaux, ressortissant du Consistoire
central de France. Jusque-là, les Consistoires étaient composés
de trois membres et d'un Grand Rabbin; le Décret de 1867
porte à six le nombre des membres laïques des Consistoires,
et accorde à chacun d'eux un représentant au Consistoire
central. Mais les membres des Consistoires devaient toujours
être nommés directement par le Gouvernement sur la proposition du Consistoire central et non point à l'élection, comme
l'étaient ceux de France. Lorsque le Décret de naturalisation
parut, en 1870, le Commissaire extraordinaire du Gouver-

nement à Alger et les trois Consistoires pensèrent qu'il y avait lieu d'assimiler aussi l'Algérie à la métropole en ce qui concerne le mode de nomination des Consistoires, et des élections eurent lieu dans le courant de l'année 1871, sans qu'aucun acte du Gouvernement les eût autorisées. Le Consistoire central trouva que cette manière de procéder n'était pas tout à fait légale; il obtint (12 décembre 1872) un Décret établissant le système électoral pour la nomination des Consistoires de l'Algérie. Le même Décret instituait des Commissions consistoriales en remplacement des Consistoires illégalement établis.

En 1876 (26 février), un Décret fut promulgué, portant création de trois rabbinats en Algérie : à Médéah, à Tlemcen et à Bone, et comme ni l'organisation de 1845, ni celle de 1867, ne mentionnaient le mode de nomination des Rabbins, on dut recourir à un nouveau Décret (15 novembre 1876) pour le déterminer. Les Rabbins, comme d'ailleurs l'avait prévu l'Ordonnance de 1845 pour les Grands Rabbins, devaient être nommés directement par le Consistoire central, sans que ni les communautés ni les Consistoires aient à intervenir pour présenter des candidats.

NOTES DIVERSES

RELATIVES

AUX ISRAÉLITES DE L'ALGÉRIE

———◆◆◆———

RAPPORT *du Consistoire central au Garde des sceaux Ministre de la justice et des cultes, sur la pétition du Consistoire israélite d'Alger, sollicitant l'émancipation complète et collective des Israélites indigènes de l'Algérie.*

Paris, le 19 novembre 1869.

Monsieur le Ministre,

Nous avons l'honneur de transmettre ci-joint à Votre Excellence une pétition adressée à S. M. l'Empereur par le Consistoire israélite d'Alger, à l'effet de solliciter l'émancipation complète et collective des Israélites indigènes de l'Algérie.

L'erreur regrettable du Gouvernement français en Algérie depuis les premiers jours de la conquête a été de confondre la population israélite avec la population musulmane et de régir l'une et l'autre par une même loi. Elles furent assimilées dans le traité de capitulation sous la dénomination générale d'indigènes; elles le furent successivement aussi bien dans les conditions qu'on leur imposa que dans les garanties qu'on leur accorda.

Rien n'était plus contraire à la vérité des choses et au double intérêt des Israélites algériens et des Français.

Les indigènes musulmans étaient des vaincus qui devaient fatalement conserver vivace la haine du vainqueur, et dont il fallait craindre le fanatisme national et le fanatisme religieux, unis dans une même exaltation contre les chrétiens triomphants.

Les indigènes israélites étaient, au contraire, des affranchis dont la victoire de la France brisait le joug, et qui, dans un sentiment unanime de reconnaissance, saluaient des libérateurs dans les soldats français.

Il eût été éminemment politique et sage, à cette époque, de rattacher fortement à notre domination les populations juives de l'Algérie, en leur donnant, dès le premier jour, les avantages et les garanties de la naturalisation. Ils auraient pu rendre d'immenses services à la cause de la France, qui est, en Afrique, la cause de la civilisation.

Le juif algérien était l'ennemi naturel de l'indigène musulman, qui, depuis des siècles, l'opprimait et l'abreuvait d'outrages; il était l'ami fidèle et dévoué de la France, qui l'émancipait de sa longue servitude.

La religion du Coran a creusé entre les sectateurs de l'islamisme et les chrétiens un abîme que rien ne parviendra à combler. La religion juive, au contraire, se plie aisément aux mœurs et aux lois de tous les peuples, et le Talmud formule cette aptitude d'assimilation comme un précepte, en disant qu'il faut toujours se soumettre sans réserve à la loi du pays où l'on habite : *Dinah de Malchoutah, dinah.*

Ces vérités ne furent ni aperçues ni comprises par les premiers administrateurs de l'Algérie. La population juive, au lieu d'être attirée vers nous, fut confondue dans l'ensemble de la population indigène. Elle continua, comme par le passé, de former une race à part, ayant son organisation distincte, ses chefs, ses tribunaux, ses agents exécutifs, ses lois spéciales, ses traditions et aussi ses préjugés.

Plus intelligents cependant que leurs nouveaux dominateurs, les Israélites firent, au contraire, de constants et d'énergiques efforts pour resserrer les liens qui les unissaient à la France, et les services de toute nature qu'ils ont rendus au Gouvernement français sont attestés à chaque page de l'histoire des premiers temps de notre occupation.

C'est en 1842 seulement que le Gouvernement du roi Louis-Philippe parut mieux apprécier l'importance de la population israélite de l'Algérie et voulut s'en occuper sérieusement au double point de vue moral et politique. Une mission officielle fut alors confiée aux honorables MM. Altaras et Cohen; elle avait pour objet l'étude de la situation des Israélites indigènes et des réformes dont elle était susceptible.

Les résultats de cette enquête ont abouti à la promulgation de l'Ordonnance royale du 9 novembre 1845, qui institua des Consistoires dans les trois provinces de l'Algérie et régla l'administration intérieure des communautés juives de la colonie dans des conditions analogues à celle de la métropole.

Mais l'état civil et politique des Israélites indigènes ne fut pas modifié. Ils ne devinrent pas Français; ils restèrent, comme auparavant, sujets français, régis par leurs lois particulières en tout ce qui concerne l'état des personnes.

L'action et l'influence des premières Administrations consistoriales, heureusement secondées à cette époque par les autorités et par les tribunaux de l'Algérie, atténuèrent autant que possible les difficultés de cette situation; mais, peu à peu, cette influence décrut par diverses causes qu'il serait trop long d'énumérer ici. L'Administration civile et surtout l'Administration militaire se montrèrent animées de dispositions peu bienveillantes envers la population juive. On parut tenir peu de compte des progrès considérables qu'elle n'a cessé de faire dans le sens de la civilisation française. Blessée par les sentiments mêmes dont elle se savait l'objet, elle témoigna de son côté moins d'empressement à se rattacher à la France et retomba par une pente fatale vers ses anciennes traditions.

Le mouvement progressif qui s'était manifesté sous l'influence de l'organisation de 1855 a certainement reculé depuis quinze ans, et les idées françaises ont perdu, parmi les populations juives de l'Algérie, plus de terrain qu'elles n'en avaient conquis.

C'est dans ces conditions qu'a été élaboré et promulgué le sénatus-consulte du 14 juillet 1865, dont l'article 2 accorde le bénéfice de la naturalisation à tous les Israélites indigènes qui en feront la demande, laissant sous l'empire de leur statut personnel ceux qui ne voudront pas jouir du droit qui leur est conféré.

Ce qui précède explique dans quel sentiment dut être accueilli ce nouveau système. Excepté dans certaines parties de la province d'Oran, les Israélites de l'Algérie se sont montrés peu disposés à se faire naturaliser. Certaines préoccupations religieuses, surtout en ce qui concerne les mariages, les divorces et les successions, sont venues s'ajouter à ces dispositions défavorables.

Les exhortations des Pasteurs et des Consistoires ont été également vaines. La plupart des Juifs algériens semblent indifférents à un changement de nationalité qui modifiera profondément l'état de la famille et le droit successoral.

Mais c'est ici qu'a surgi une des plus graves difficultés qui se puissent concevoir, et qu'a éclaté l'erreur où le législateur français est tombé en assimilant toujours la population israélite à la population musulmane.

Les Arabes sont une nation fortement et complètement organisée, ayant un gouvernement et une administration, des tribunaux de toute nature, depuis le simple Cadi jusqu'au Midjelès, possédant tous les rouages civils, politiques et religieux qui servent au fonctionnement d'une société régulière. En leur laissant leur statut personnel, on leur a laissé tous les moyens de le mettre en pratique. La loi musulmane qui les régit a sa sanction dans l'autorité des pouvoirs administratifs, judiciaires et répressifs qui existaient avant notre occupation et que la conquête a respectés.

Il n'en est pas de même pour la population israélite. Le statut personnel qu'on lui a conservé est un principe théorique qui ne trouve nulle part une autorité régulière pour l'appliquer.

L'organisation de 1845 a fait disparaître tout le mécanisme social qui existait pour la population juive. Le Mokkadem, chef de la nation, a été supprimé avec ses chaouchs (agents exécutifs) et son pouvoir personnel. Les Bethoedins, tribunaux rabbiniques, ont été dissous. A leur place ont été institués les Consistoires et les Rabbins ; mais réduits les uns et les autres, comme en France, à une autorité plus nominale que réelle, suffisante pour l'administration matérielle des communautés ou la prédication des vérités morales, mais absolument nulle pour ce qui touche à tous les actes de la vie civile et au règlement des questions importantes qui naissent de la condition des personnes.

Pour leur état civil, pour leurs contrats de mariage, pour leurs dispositions testamentaires, etc., les Israélites algériens ont donc été forcés de s'adresser à des fonctionnaires, à des notaires et à des Tribunaux français. Mais le maintien de leur statut personnel leur permettant de suivre dans toutes ces circonstances solennelles le Droit mosaïque interprété par les docteurs du Talmud, il est facile de comprendre dans quel embarras ont dû se trouver les officiers de l'état civil, les officiers ministériels et les magistrats français, pour apprécier quelles pouvaient être, d'après le Talmud, les formalités et la régularité des actes pour lesquels on réclamait leur concours ou qu'on soumettait à leur décision.

Dans ces derniers temps, les maires, justement effrayés de leur responsabilité, ont formellement refusé de célébrer les mariages entre Israélites indigènes. Les notaires ont refusé de rédiger les contrats, et les Tribunaux, incertains sur le caractère et les prescriptions d'une législation qu'ils ignorent, ont rendu les arrêts les plus contradictoires.

Il est facile de comprendre quel trouble cette situation a apporté dans toutes les familles et dans tous les intérêts.

Le gouvernement de l'Algérie s'en est ému et M. le maréchal de Mac-Mahon a ouvert une enquête pour rechercher s'il n'y a pas lieu de modifier le sénatus-consulte du 14 juillet 1865, au moins en ce qui concerne les mariages entre Israélites, en plaçant ces derniers, quant aux conséquences de cet acte, sous le régime de la loi française.

Cette initiative du Gouverneur général prouve à quel point la question est grave et combien il est urgent d'aviser.

Les Consistoires de l'Algérie ont proposé le seul remède efficace, en demandant la naturalisation pure et simple des Israélites algériens.

Les expédients de détail ne sauraient, en effet, suffire aux exigences de la situation ; il faut envisager la question de haut et dans son ensemble. Ce que le Gouverneur général semble proposer en ce qui concerne le mariage est également nécessaire pour tout ce qui concerne le statut personnel des Israélites. Les mêmes embarras qui se sont produits dans les droits de la famille se produiront demain dans l'ordre des successions, dans l'exercice de la puissance paternelle, dans la tutelle, dans l'interdiction, et les complications les plus graves en résulteront pour l'établissement et la transmission des droits de propriété.

La population israélite de l'Algérie traverse une véritable crise résultant de l'incertitude et de l'incohérence de la législation qui la régit. En ce moment, elle n'a pas de nationalité, car une nationalité implique des pouvoirs réguliers et une organisation spéciale pour sauvegarder les droits qui en résultent. Il est indispensable de lui donner une nationalité. Laquelle?

La rejeter de nouveau vers les populations indigènes? Commettre de nouveau la faute qu'on a commise au début de la conquête? Remonter le cours du progrès? Rétablir le système que nos victoires, qui sont les victoires de la civilisation, ont renversé? Refaire en Algérie une nation juive à côté de la nation arabe? Nous priver encore une fois des services que les Juifs, devenus Français, peuvent rendre à notre cause? Ce n'est pas possible.

Il faut, au contraire, faire française par la loi cette population qui l'est déjà par tous ses sentiments et par tous ses intérêts, et en qui la France trouvera des citoyens intelligents, actifs, utiles autant que fidèles et dévoués.

Ces considérations de justice et de raison nous paraissent ajouter un argument décisif aux motifs, si puissants d'ailleurs, exposés dans la pétition du Consistoire d'Alger.

LETTRE *de M. S. Lévy, Grand Rabbin de Bordeaux, en réponse à un article publié par la Gironde, dans son numéro du 18 mars, sous la signature de M. Auguste Dupré, relatif aux Israélites de l'Algérie.*

LES INSURRECTIONS EN ALGÉRIE
JUIFS ET ARABES

C'est sous ce titre que la *Gironde*, dans son numéro du 18 mars, a publié, signé de M. Auguste Dupré, un article dont l'esprit et la tendance nous ont autant surpris qu'affligé. L'auteur y pose un principe qui nous paraît subversif du vrai principe démocratique, et il y relate des faits qui ont besoin d'être remis en leur véritable lumière pour qu'on ne continue pas à se tromper sur leur portée ou, du moins, à leur en attribuer une qu'ils sont loin de posséder. Voici d'abord les faits; l'examen, la discussion, disons le mot, le redressement du principe viendra après.

Le 30 octobre 1870 paraissait au *Moniteur universel* un Décret signé à Tours le 24 du même mois :

« Le Gouvernement de la Défense nationale,

» Décrète :

» Les Israélites indigènes des départements de l'Algérie sont déclarés citoyens français ; en conséquence, leur statut réel et leur statut personnel seront, à compter de la promulgation du présent Décret, réglés par la loi française, tous droits acquis jusqu'à ce jour restant inviolables ».

Immédiatement après ce Décret s'en trouve un autre daté du même jour et réglant, dans deux articles, la manière dont les indigènes musulmans et les étrangers résidant en Algérie pourront acquérir individuellement la qualité de citoyens français.

A la simple lecture de ces deux Décrets se suivant l'un l'autre, apparaît, claire comme le jour, la conviction que les Israélites indigènes possédaient, aux yeux du Gouvernement, des titres plus immédiats à la naturalisation que les indigènes musulmans.

Les aspirations des Israélites algériens à la qualité de citoyens français devaient, ce semble, être connues. Et de fait, une instruction était ouverte, depuis plusieurs mois déjà, sur la valeur de ces aspirations. Quand le régime impérial est tombé, le Consistoire central des Israélites, siégeant à Paris, était sur le point d'obtenir la même sanction qui a été donnée depuis par le Gouvernement de la Défense nationale. Et ce Gouvernement ne pouvait ne pas la donner, puisque l'on sait que deux de ses membres, MM. Jules Favre et Crémieux, à l'occasion d'un récent voyage qu'ils avaient fait en Algérie pour y plaider contradictoirement un procès entre Israélites, avaient pu se convaincre combien était ardent et général le désir de la population juive de l'Algérie de se voir admise en masse à jouir des droits de citoyens français. Ce que le Consistoire central avait demandé à connaître par une instruction administrative, MM. Jules Favre et Crémieux l'ont constaté *de visu*, et ainsi s'explique la préoccupation du Gouvernement de la Défense nationale, quand il a donné une constitution civile à l'Algérie, d'accorder la naturalisation en masse à tous les Israélites indigènes. Il savait répondre par là au vœu intime de leur cœur ; et certes, si ce même vœu avait existé ou seulement avait tenté de se faire jour dans la population musulmane, le

Gouvernement aurait été heureux d'y donner également satisfaction. La France eût ainsi acquis d'un coup autant de citoyens que l'Algérie compte d'habitants indigènes.

Comment a été accueilli ce Décret dans les provinces de
l'Algérie? Le judaïsme y possède ses organes de publicité,
et tous ont été unanimes pour y applaudir. Des discours furent
prononcés, des lettres pastorales furent écrites par les chefs
du culte israélite en Algérie, à l'effet de faire connaître aux
israélites indigènes toute l'étendue des droits et des devoirs
fraîchement acquis. Pas une ligne, pas un mot de regret ou
de désapprobation ne fut écrit ou prononcé par ces journaux.
Les Israélites algériens, qui, depuis la conquête de ce pays par
la France, avaient donné à cette dernière tant et de si nombreux gages de dévouement, trouvaient enfin leur plus cher
désir réalisé, en se voyant tous ensemble et à la fois rattachés
à la mère patrie, dont ils servaient d'ancienne date les intérêts,
au milieu des populations musulmanes trop souvent, malheureusement, égarées et conduites à la révolte.

Que ces populations aient vu d'un mauvais œil et voient encore aujourd'hui d'un œil jaloux les prérogatives conquises par
les Israélites, il n'y a là rien qui nous étonne. C'est la jalousie
du voisin qui néglige de prendre les mêmes peines que celui
qu'il voit grandir à ses côtés. Mais est-ce bien ce sentiment
de jalousie qui a été le ferment des révoltes et des tentatives
d'insurrection qui se sont manifestées, dans ces derniers jours,
au sein de notre colonie algérienne? Si M. Auguste Dupré
a, comme il le donne à entendre, habité l'Afrique, ou si seulement il a étudié l'histoire de l'occupation française en Afrique,
il doit, en mettant la main sur la conscience, bien regretter
d'avoir écrit dans son article une phrase comme celle-ci : « C'est
» aux Juifs seulement que les Arabes en veulent. C'est à eux
» seuls qu'ils s'attaquent ».

Quoi ! vous voulez faire croire que c'est le Décret du 24 octobre qui a soulevé les Arabes à Soukkaras, à Biskra et dans
la Kabylie orientale, où des Français ont été massacrés dans
des fermes isolées, livrées à l'incendie et au pillage? Et chaque
fois que des insurrections ont eu lieu en Algérie, et le nombre
en a malheureusement été grand, c'est à l'occasion des Juifs
qu'elles auraient eu lieu, et c'est un Décret du 24 octobre qui
les auraient fomentées? Vous ajoutez avec une incroyable as-

surance : « Lors de l'agitation qui a eu lieu le 1ᵉʳ mars der-
» nier à Alger, des femmes, des enfants européens circulaient
» dans la mêlée. Les Arabes leur faisaient place et les respec-
» taient. Nous sommes jusqu'à présent restés étrangers à la
» querelle. Y prendrons-nous parti ? »

Quand, de Bordeaux, on écrit sur des événements survenus
à Alger, on peut, si l'on a l'imagination un peu vive et le parti
pris de faire tout retomber sur les Juifs, raconter les faits de
cette façon ; on peut même alors, pour peu que l'on ne tienne
pas à être trop dans le vrai, aller jusqu'à dire : « Les Arabes
» se résignent volontiers à subir notre domination ».

Mais que direz-vous si, à la manière dont il vous plaît de raconter les faits dans la *Gironde*, je vous opposais la relation
apportée par le journal sincèrement républicain *l'Algérie française*, que vous connaissez sans doute? Voici comment il s'exprime dans son numéro du 3 mars :

« Notre ville a été troublée hier par des désordres d'une certaine
gravité. Depuis quelques jours, une sourde fermentation régnait chez
une partie des indigènes musulmans qui n'ont pas de résidence fixe à
Alger, et qui sont désignés sous le nom de Berranis. Les Berranis
couchent en plein air, dans les cafés arabes, dans les fondouks, et
échappent ainsi à la surveillance de la police.

» On comprend que cet élément, recruté à l'extérieur de tous les
vagabonds, pillards et coupeurs de route, se montre disposé à profiter
des moindres circonstances pour assouvir ses instincts de désordre et
de pillage. Samedi dernier, le bataillon de tirailleurs israélites, faisant
sa promenade militaire, rencontra dans la rue d'Isly des Musulmans
avec lesquels, à propos d'un fait accidentel, sans véritable importance,
il échangea quelques expressions irritantes. Il n'en fallait pas davantage
pour provoquer l'effervescence et donner lieu au soulèvement dont nous
venons d'être témoin. L'occasion s'était présentée d'elle-même, le hasard
avait fourni le prétexte du désordre prémédité.

» En effet, comment ne pas rattacher l'épisode d'hier aux actes insur-
rectionnels de nos provinces ? A la même heure, sur les points éloignés
de notre ville, etc., des Israélites et même des Français étaient menacés
dans leurs biens et dans leurs personnes. On assure de plus que, la nuit
dernière, des crêtes de l'Atlas s'illuminaient de signaux correspondant
avec le Sahel. Cette coïncidence porte témoignage d'une rébellion organisée dans les campagnes et faisant irruption dans les villes. »

Que l'on cesse donc de rendre responsables les Israélites
algériens d'un soulèvement dont ils n'ont point été la cause,

11

mais seulement le prétexte et l'occasion partout cherchée. « Les Arabes insurgés, comme l'affirme un autre journal » d'Alger, obéissent à un mot d'ordre qui les pousse, sous » le manteau de la religion, au meurtre et au pillage des *infi-* » *dèles,* parce qu'ils croient la France abattue et hors d'état » de les refouler ».

En présence de semblables dispositions, est-ce bien le cas et le moment de se demander, comme le fait M. Auguste Dupré, s'il ne faut pas donner satisfaction aux Arabes, et, malgré la libéralité du Décret du 24 octobre, rapporter ce Décret et replacer les Israélites indigènes dans leur condition antérieure, afin de ménager la susceptibilité des Musulmans? Je craindrais beaucoup que le moyen de pacification ne fût complètement illusoire. Il témoignerait, au contraire, d'une faiblesse dont les Musulmans seraient les premiers à profiter, non pour se calmer, mais pour s'enflammer davantage et s'encourager entre eux au désordre et au pillage. On ne calme pas l'émeute en lui jetant en pâture le droit public. Et ce serait évidemment faire violence au droit d'une notable portion de la population algérienne, que de l'enfermer dans une incapacité civile et politique par cela seul qu'il plaît à une autre portion de cette même population qu'il en soit ainsi. Parce que les Musulmans n'aspirent pas à la naturalisation, est-il juste qu'on défende aux Israélites d'y aspirer? Est-ce le moyen de favoriser la colonisation en Algérie, d'y vulgariser les principes de la civilisation, d'y développer l'esprit de justice et de droiture, que de peser violemment sur des citoyens constamment paisibles, honnêtes dans leurs transactions; se livrant aussi à l'agriculture, et qui n'ont jamais cessé de seconder la France dans les essais de régénération entrepris sur la terre d'Algérie?

Non, non, soyez-en persuadé, le jour où vous aurez fait ce pas en arrière, vous aurez de nouveau arrêté, pendant de longues années, la marche du progrès dans la grande colonie algérienne. Vous aurez encouragé les Musulmans à persister dans leurs sentiments anti-français. Vous n'aurez rien fait pour les amener un peu plus près de nous; au contraire, vous les en aurez éloignés davantage et, de plus, vous aurez mécontenté la nombreuse population des Israélites indigènes, sur laquelle la France a eu raison de s'appuyer dès le premier jour de la conquête, parce que c'est une population intelligente,

industrieuse, active, laborieuse, heureuse et fière d'avoir
trouvé dans la France une libératrice, et qui lui demeurera
toujours fidèle comme on l'est à une mère tendre et aimante.

Nous ne savons, hélas! que trop dans quel état de servage
et d'avilissement les Israélites algériens étaient autrefois tenus
par les Musulmans; et quand M. Auguste Dupré, servi par une
trop féconde imagination, vient prêter à ces Israélites des
paroles de regret sur leur condition passée, il oublie le précepte humanitaire qui est de se placer avant tout dans la situation de celui que l'on est appelé à juger et à conseiller. Il
oublie même davantage, il oublie ce principe premier qui ne
permet pas d'infliger une injustice à l'un pour complaire aux
faiblesses, aux passions de l'autre. Prétendre que les Israélites
doivent être privés de leurs droits de citoyens parce que les
Musulmans n'ont pas encore été capables de les gagner, c'est
faire souffrir l'innocent pour le coupable. De tout temps, celui
qui a su marcher en avant a été encouragé à le faire de plus
en plus, pour servir de modèle et d'aiguillon à celui qui se
traînait péniblement derrière lui. On ne s'est jamais avisé
d'arrêter l'un pour apprendre l'autre à avancer. A chacun ce
qu'il mérite, et la justice pour tous : c'est la loi de la civilisation, c'est la règle de la démocratie la plus élémentaire.

S. LÉVY,

Grand Rabbin.

LETTRE *en date du 20 mars 1871, de M. Virgile Brandam,
vice-président du Consistoire israélite de la Gironde, au
rédacteur de la* Gironde, *en réponse à un article publié par
M. Auguste Dupré sur les Juifs algériens.*

Monsieur le Rédacteur,

L'article de M. Auguste Dupré sur les Juifs algériens, inséré
dans la *Gironde* du 18 de ce mois, ne m'a été connu que ce
matin, et c'est sous la vive et pénible impression que sa lecture
m'a causée que je trace ces lignes, que je vous prie d'insérer
dans votre estimable journal.

Après avoir raconté les désordres qui ont eu lieu à Alger le
1ᵉʳ mars, M. Dupré cite les paroles suivantes qui auraient été

adressées par les Musulmans au Commissaire de la République française :

« Mets le bataillon juif d'Alger, avec sabres, fusils, car-
» touches, baïonnettes, dans le champ de manœuvre; nous
» irons en nombre égal au-devant d'eux, sans armes; tu nous
» fouilleras. A notre approche, ils se sauveront. Les Français
» leur ont donné des fusils, mais ces fusils éclateraient de
» honte s'ils les faisaient partir ».

Ces paroles ne m'étonnent pas de la part des Arabes, mais
ce qui me surprend, c'est qu'en les reproduisant, M. Auguste
Dupré n'ait pas cru devoir les juger et les flétrir.

Quoi qu'il en soit, il est bon de rétablir ici le véritable
caractère de la race israélite et de rappeler qu'à toutes les
époques de son histoire, elle a fait preuve de constance et de
courage. Peuple, elle a combattu pour son indépendance
jusqu'à l'écrasement, jusqu'à la dispersion. Exilée, elle a lutté
pour la liberté de sa pensée et l'intégrité de sa foi jusqu'au
désespoir, jusqu'au martyre. On ne peut donc dire de cette
race qu'elle est lâche, et cette insulte africaine est elle-même
une lâcheté.

Mais laissons là ces fanfaronnades arabes, plus ridicules
qu'odieuses, et abordons le sujet uniquement sérieux de l'article de M. Dupré.

Après quarante ans d'occupation, pendant lesquels elle a pu
apprécier l'intelligence des Juifs indigènes, leur empressement
à adopter sa langue et ses usages, leurs tendances civilisa-
trices, leurs aspirations libérales, la France, par un acte de
suprême justice, leur a conféré le titre et les droits de citoyens
français. Elle a fait cela, et elle a bien fait. Depuis cette émancipation tant souhaitée, que s'est-il passé? Les Juifs ont-ils
méconnu leurs nouveaux devoirs? Ont-ils fait un mauvais
usage de leurs droits? Ont-ils démérité, enfin, de leur patrie?
Non; personne ne le dit, personne ne les accuse.

Le seul reproche qu'on leur fasse est celui d'avoir été un
peu trop fiers de leur nouvelle condition et d'avoir osé lever la
tête devant ces Musulmans qui, pendant plusieurs siècles, les
ont tenus courbés sous le tranchant de leur cimeterre. Mais
est-ce là un reproche bien grave, et cette fierté d'enfant ne
prouve-t-elle pas combien ils sont heureux de leur nouvelle
condition et combien il serait cruel de les en priver?

Cependant, les Arabes, ce peuple fanatique, indomptable, rebelle à toute civilisation chrétienne, toujours prêt à se soulever contre notre domination, les Arabes ont vu d'un œil jaloux ces pauvres Juifs, jadis leurs esclaves et leurs victimes, élevés au rang de citoyens français. Leur haine, leur colère farouche s'est exaltée. Ils ont attaqué les Juifs, les ont obligés à se défendre, et des rixes sanglantes ont eu lieu dans les rues d'Alger. Ces agitations, ces désordres auraient-ils pu être conjurés par la prévoyance et la fermeté de l'autorité française? Je l'ignore et ne veux accuser personne. Mais en présence des faits regrettables qui ont troublé la colonie, quel est le devoir de ceux qui la gouvernent? Il est tracé par le bon sens le plus vulgaire.

Le devoir est de protéger les citoyens contre la violence, de faire respecter les droits légalement acquis, de rétablir, enfin, l'ordre par la justice appuyée par la force. En tout pays, c'est le seul moyen de faire renaître la paix et la sécurité compromises. En Angleterre, c'est plus encore, c'est le seul moyen de protéger la colonie et d'en assurer la possession à la France. M. A. Dupré, qui, me dit-on, a habité le pays, doit savoir que l'Arabe ne respecte son ennemi que s'il le croit fort, et qu'il a besoin de sentir le joug pour s'y soumettre. S'il surprend dans le pouvoir qui le contient quelque signe de défaillance, son naturel indomptable se réveille et le pousse bientôt à la révolte.

M. Dupré sait cela, et pourtant il affirme que le seul moyen de mettre un terme aux excès qui se sont produits serait de donner satisfaction aux Arabes et de sacrifier les Juifs en leur reprenant les droits qu'un décret récent leur a accordés. Je ne voudrais rien dire de blessant à M. Dupré, mais en vérité je ne puis comprendre qu'un Français, qu'un républicain donne à son pays un conseil si impolitique et si injuste.

Eh quoi! au moment où, éprouvée par des malheurs inouïs, la France a un si grand besoin de surveiller tous ses actes, afin de n'accomplir que ceux que la justice approuve, vous voudriez que, sans souci de sa dignité, par une lâcheté sans exemple, elle repoussât de son sein ceux qu'elle y a appelés et qui ont accepté avec dévouement et reconnaissance la place honorable qui leur a été librement offerte! Une conduite pareille est impossible, et nulle considération ne pourrait l'excuser. M. Dupré

dit que la prudence conseille ce parti à la France; je lui dis,
moi, que ses intérêts et son honneur le lui défendent.

Agréez, etc.

V. BRANDAM.

NOTE sur le projet de loi relatif à la naturalisation des Israélites indigènes de l'Algérie.

CONSISTOIRE CENTRAL DES ISRAÉLITES DE FRANCE

I

La question de la naturalisation des Israélites indigènes de
l'Algérie a été amenée par un ensemble de faits que l'exposé
des motifs du projet soumis actuellement à l'Assemblée nationale néglige complètement et semble même ne pas connaître.

Cette question n'est ni politique ni religieuse; elle est essentiellement sociale.

Les Israélites de l'Algérie ont été placés depuis 1845 sous
l'autorité de Consistoires et de Rabbins dont les attributions
sont semblables à celles des Consistoires et des Rabbins de
France.

Cette nouvelle organisation a laissé complètement à l'écart
les questions qui concernent l'état des biens et des personnes
au point de vue civil, c'est-à-dire le statut personnel et le statut
réel. Mais la jurisprudence des Tribunaux algériens, généralement favorable à l'émancipation définitive et à l'assimilation
des Israélites indigènes, s'était prononcée en des termes qui
les avaient admis peu à peu à participer aux avantages de la
loi française.

Le 14 juillet 1865 fut promulgué un sénatus-consulte organique dont l'article 2 accorde le bénéfice de la naturalisation
à tous les Israélites indigènes qui en feront la demande, laissant
sous l'empire de leur statut personnel ceux qui n'useront pas
du droit qui leur est conféré.

Cette décision a jeté un trouble profond dans la situation des
Israélites d'Algérie.

Un statut personnel ne peut se comprendre et s'appliquer

qu'à la condition d'un mécanisme social qui garantisse les droits et les intérêts de ceux qu'il concerne.

Or, depuis 1845, la loi française (article 22 de l'Ordonnance du 9 novembre 1845) a aboli tous les pouvoirs civils, politiques et administratifs qui régissaient les Israélites indigènes avant la conquête et pendant les premiers temps de notre domination.

Leurs *Mokdem* (gouverneurs), leurs *Beth-Dins* (tribunaux), leurs *Chaouchs* (agents exécutifs), etc., ont été purement et simplement supprimés et remplacés, comme il a été dit plus haut, par des Consistoires et des Rabbins qui n'ont qu'une autorité purement morale et religieuse. — Les Arabes, auxquels on a également laissé leur statut personnel, ont, au contraire, conservé toutes les autorités auxquelles ils obéissaient autrefois.

Il est résulté de cet état de choses que, depuis 1865, les Israélites indigènes n'ont plus su à qui s'adresser pour leurs mariages, leurs successions, leurs intérêts de famille et leur possession d'état.

Les notaires français, ignorant naturellement les principes du statut personnel juif, lequel a ses règles dans les dispositions du *Talmud*, se sont refusés à recevoir les actes qui pouvaient intéresser les Israélites.

Les officiers de l'état civil, par les mêmes causes, ont refusé de célébrer les mariages.

Les tribunaux, forcés d'appliquer désormais le droit talmudique, dont ils ignoraient les premiers éléments, n'ont plus su comment juger les causes qui se présentaient devant eux.

Il en est résulté une profonde désorganisation qu'ont malheureusement attestée de nombreux procès à peu près insolubles, et qui a éveillé, tout à la fois, la sollicitude du gouvernement de l'Afrique française et des Consistoires algériens.

M. le maréchal de Mac-Mahon, alors gouverneur général de l'Algérie, crut devoir, en 1869, provoquer spontanément une enquête pour rechercher s'il n'y avait pas lieu de modifier, en ce qui concernait le statut personnel des Israélites, le sénatus-consulte du 14 juillet 1865. De son côté, le Consistoire central des Israélites de France, saisi des réclamations des Consistoires algériens et d'un grand nombre d'Israélites de l'Algérie, étudia cette grave question avec tout l'intérêt qu'elle mérite. Il soumit le résultat de ses délibérations au Gouvernement par une dépêche en date du 19 novembre 1869, adressée à M. le Garde des sceaux Ministre de la justice et des cultes.

Le Consistoire central, d'accord avec tous les Consistoires de l'Algérie, formulait la seule solution qui pût être donnée à la situation compliquée qu'on vient de définir, en demandant pour tous les Israélites de l'Algérie le bénéfice de la naturalisation collective.

Déjà cette mesure avait été réclamée par tous les Conseils généraux de l'Algérie, représentants les plus autorisés de l'opinion publique, et où siègent, on le sait, les notabilités les plus considérables de la société musulmane.

Le Gouvernement, frappé des dangers qui lui étaient ainsi signalés de toutes parts, soumit au Conseil d'État un projet de loi qui donnait satisfaction à la proposition du Consistoire central, et la question était mûre pour une solution définitive, lorsque survinrent les tristes événements qui ont suivi, au mois d'août dernier, la déclaration de guerre contre l'Allemagne. Tout fut naturellement suspendu, et le Consistoire central ne fut plus appelé à donner son avis sur une question qui intéresse à un si haut degré une partie notable de la population israélite.

Il n'a pas été consulté par la Délégation de Tours lorsqu'elle a rendu, le 24 octobre 1870, le Décret dont on demande aujourd'hui l'abrogation.

Il ne l'a pas été davantage par le Ministre, qui vient de porter à l'Assemblée nationale le projet de loi abrogatif de ce Décret.

II

On voit, par cet exposé des faits, qu'il s'agit d'une question beaucoup plus grave que ne semble l'indiquer l'exposé des motifs de ce projet de loi.

Les Israélites algériens, si on abroge le Décret qui les déclare français, restent sans nationalité, sans patrie, sans droit public, sans garanties légales, administratives et judiciaires pour la sauvegarde de leurs intérêts. Ils sont sur un territoire français, mais n'étant pas citoyens français, ils ne peuvent exercer aucun des droits que confèrent nos lois civiles et politiques.

D'autre part, ils ne forment pas un corps de nation et une société distincte ayant ses pouvoirs et ses codes.

Il est impossible de laisser subsister parmi une population qui forme numériquement plus du tiers de la population française de l'Algérie un désordre légal qui aboutirait, dans toutes les questions de propriété et de famille, aux plus graves conséquences.

Il faut absolument qu'on donne aux Israélites algériens une patrie et une organisation sociale.

Cette patrie ne peut être que la France; cette organisation sociale ne peut être que celle de la loi française.

III

Quels motifs invoque-t-on pour refuser aux Israélites algériens les garanties qui sont le patrimoine commun de tous les peuples civilisés?

L'exposé des motifs du projet de loi les représente comme étrangers, en quelque sorte, à la communauté politique au milieu de laquelle ils vivent et ne s'attachant pas au sol du pays où ils résident.

Lors de la Révolution française, au moment où il s'agissait d'accorder aux Israélites de France le titre et les droits de citoyens, on faisait valoir le même argument. Ils ont répondu en se dévouant avec éclat à leur nouvelle patrie, en la défendant au prix de leur sang, en lui donnant toutes leurs forces et toute leur intelligence dans toutes les carrières sociales.

On oublie trop aujourd'hui les services que, depuis les premiers jours de la conquête, les Israélites algériens ont rendus à notre pays, devenu désormais le leur. En consultant les documents qui ont servi à préparer l'Ordonnance organique du 9 novembre 1845, on verrait, au contraire, combien le gouvernement du roi Louis-Philippe les jugeait dignes d'être admis dans les rangs de la population française.

Le rapport fait au Sénat par l'honorable M. Delangle sur le sénatus-consulte du 14 juillet 1865 témoigne aussi hautement du dévouement des Israélites et de l'utilité de leur concours.

Depuis cette époque, contrairement à ce que dit l'exposé des motifs, ils se sont fortement attachés au sol. Ils ont partout acquis de nombreux et d'importants immeubles; beaucoup d'entre eux exploitent eux-mêmes leurs terres et les cultivent avec une intelligence qui est attestée par une foule de rapports officiels.

IV

L'exposé des motifs déclare avec un certain dédain les Israélites indigènes incapables des vertus civiques qui devraient être leurs devoirs si on les naturalisait. Ceux qui connaissent l'intelligence remarquable et les qualités vraiment exceptionnelles des Israélites de l'Algérie protesteront contre cette assertion. (Voir le rapport précité de M. Delangle.)

Ce serait, contre toute raison et toute vérité, les placer au-dessous de cette race nègre que la France s'est honorée d'avoir émancipée la première, et à laquelle, dans ses colonies, elle a conféré sans réserve les droits de citoyens français.

L'exposé des motifs les accuse de peu de dispositions pour le service militaire. Nous ignorons sur quels faits il se fonde, mais on se demandera pourquoi il en serait autrement en Algérie qu'en France, où tant d'Israélites occupent, dans tous les rangs de l'armée nationale, des postes de dévouement et d'honneur !

Lors de l'insurrection arabe, les Israélites, compris dans les milices algériennes, ont marché avec le même empressement que les miliciens des autres cultes, et lorsque, par une mesure d'intolérance, on a refusé de les incorporer parmi ceux qui partaient pour la colonne de Batna, ils ont protesté avec beaucoup de force contre cette exclusion. Depuis longtemps, d'ailleurs, on compte des Juifs indigènes dans les régiments de tirailleurs algériens, vivant avec les Musulmans, sous la tente, en parfaite confraternité, et plusieurs d'entre eux ont été signalés nominativement dans les rapports de leurs chefs. Une compagnie, composée exclusivement d'Israélites, s'est même récemment constituée à Alger, prouvant par cet exemple qu'ils sont capables de devenir d'excellents soldats. Enfin, lors de la dernière guerre, de nombreux enrôlements israélites ont démontré que les populations juives, lorsqu'elles ont une patrie à défendre, n'ont point dégénéré de ces vaillants ancêtres qui, pendant un siècle, défendirent héroïquement leur pays contre les Romains, vainqueurs du monde.

V

Il ne faut pas s'arrêter davantage à ce que l'on dit de leur inaptitude comme jurés ou comme électeurs. Tout le monde leur reconnaît une intelligence qui dépasse certainement la moyenne de celle de nos populations ouvrières ou agricoles.

Ce qui paraît le plus sérieux, ce sont les sentiments de haine dont on prétend qu'ils seraient l'objet de la part des populations musulmanes. On a cherché à établir un rapport direct entre leur naturalisation au mois d'octobre 1870 et l'insurrection arabe qui a éclaté au mois de mars 1871.

Ces deux dates suffiraient pour démontrer l'erreur de cette affirmation.

Qui ne comprend les causes matérielles, visibles, qui ont amené la prise d'armes des indigènes?

N'est-ce pas évidemment à la défaite et aux désastres de la France qu'il faut l'attribuer?

Les Musulmans, toujours prêts à la guerre sainte contre les chrétiens, ont cru l'heure opportune. Ils se sont dit que la France n'avait plus assez de force ni de soldats pour les combattre et les contenir, et ils se sont soulevés, comme à tant d'autres époques, à la voix de leurs chefs religieux et politiques.

C'est, du reste, en Kabylie que cette révolte a principalement éclaté, c'est-à-dire en un point de l'Algérie où il n'y a pas de Juifs, et où les questions qui intéressent ces derniers ne sont, à coup sûr, ni discutées ni même connues.

Il existe, au surplus, un témoignage dont on ne saurait récuser l'autorité. C'est une déclaration émanée des hommes les plus considérables de la population musulmane de l'Algérie, des Muphtis et des Cadis les plus considérés, des Khalifas et des Caïds les plus influents, qui attestent : « Que la naturalisation des Juifs n'a froissé personne et n'a excité les colères de personne, parce qu'elle est rationnelle ; qu'au contraire, tous les gens de bien et sensés l'apprécient et l'approuvent ».

Voilà l'opinion sincère des hommes impartiaux parmi les Musulmans. Elle prouve combien est fausse la pensée de ceux

qui ont voulu voir dans la naturalisation des Israélites la cause
de l'insurrection des Arabes contre la France.

VI

Disons la vérité sur les motifs qui ont amené, dans les
sphères de l'administration comme dans les rangs de la population française en Algérie, un mouvement de réaction contre
les Israélites indigènes.

Ceux-ci ont été appelés récemment à exercer leurs droits
politiques. Comme ils forment une partie importante de la population électorale, ils ont été naturellement sollicités en sens
inverse par les représentants des divers partis qui se dispu-
taient les candidatures. Il faut reconnaître que, dans la province d'Alger notamment, leurs votes n'ont pas dû satisfaire
d'une manière absolue les hommes d'ordre et de liberté; tandis
qu'à Oran et à Constantine, ils se sont distingués, au contraire,
par une intelligence plus élevée de la situation.

Mais leur attitude dans la province d'Alger s'explique par
des raisons qui a'   tent précisément, et contrairement à ce
qu'avance l'exposé des motifs, à quel point ils tiennent au titre
de citoyens français.

Ils ont voulu imposer au candidat modéré, qui sans doute
aurait eu leurs préférences, le mandat impératif de faire maintenir le Décret qui les a naturalisés, et c'est sur le refus, très
honorable et très légitime d'ailleurs, de la part de ce candidat
de prendre cet engagement, que, dans un sentiment d'irri-
tation, ils ont voté pour le candidat adverse.

Mais qu'on le sache bien, la population israélite de l'Algérie
a trop le sentiment de ses intérêts pour ne pas être avant tout
amie de l'ordre et des idées conservatrices. Elle sera toujours
une force pour ceux qui voudront sauvegarder la paix publique,
et non pas pour ceux qui la compromettent.

VII

Quoi que l'on pense, d'ailleurs, du Décret rendu le 24 octobre
1870 par la Délégation de Tours, ce Décret a eu une existence
légale, il a produit des conséquences, créé des situations,
établi des droits qu'il est impossible de méconnaître, de détruire

ni de violer. Les contrats qui se sont faits depuis lors, les mariages qui se sont célébrés, les enfants qui sont nés, les successions qui se sont ouvertes, les propriétés qui se sont transmises, portent l'empreinte indélébile de la loi française, et ce serait provoquer un bouleversement social sans exemple que de remettre en question tous ces droits acquis.

Le législateur, dans sa justice, ne peut vouloir provoquer un pareil désordre.

Il ne peut donner à la loi projetée une rétroactivité qui serait contraire à tous les principes de notre droit public.

D'autre part, en abrogeant purement et simplement le Décret du 24 octobre 1870, il rejetterait la population israélite de l'Algérie dans les inextricables embarras qui ont été signalés au début de cette Note.

Il la laisserait de nouveau avec son statut personnel, sans moyens pratiques de l'appliquer, c'est-à-dire dans un état de désorganisation sociale contre lequel protestent également tous les sentiments de justice et d'humanité.

Ou bien, il faudra qu'il reconstitue, pour les Israélites d'Algérie, un état social particulier; qu'il rétablisse les pouvoirs spéciaux sous lesquels ils gémissaient pendant des siècles de servitude; c'est-à-dire qu'il fasse reculer le progrès et la civilisation, au lieu de les faire marcher en avant, comme il convient à un pays qui s'appelle la France.

VIII

Un honorable député, M. Claude (des Vosges), frappé de ces vérités, propose, en abrogeant le Décret de naturalisation, de soumettre les Israélites algériens à toutes les règles du Code civil français.

Mais ce serait faire bien autrement violence aux droits et aux sentiments de cette population, que le projet de loi a, du moins, la prétention de respecter.

On leur enlèverait toutes les garanties auxquelles ils peuvent tenir d'après leur statut personnel, sans leur donner en compensation les avantages qu'ils peuvent trouver dans le titre de citoyens français!

On leur imposerait les charges d'une loi dont ils connaissent mal les principes, et on ne leur donnerait pas en même temps cette patrie et ce droit national qui sont, au contraire, leurs plus légitimes aspirations.

D'ailleurs, s'ils doivent être soumis à la loi française, n'est-il pas juste qu'ils puissent, eux aussi, participer à ces droits politiques d'où sortent, chez nous, les pouvoirs de qui la loi émane?

IX

Le Consistoire central des Israélites de France soumet avec confiance les observations qui précèdent au Gouvernement et à l'Assemblée nationale, persuadé qu'ils écarteront de ce grand débat tout ce qui touche à des passions politiques et à des intérêts passagers, pour n'y voir que ce qui s'y agite réellement, c'est-à-dire la nécessité de donner à la population israélite de l'Algérie une organisation sociale digne de notre époque d'égalité civile et de liberté religieuse, qui soit non seulement la protectrice des consciences, mais aussi et surtout la sauvegarde des intérêts de la famille et de la propriété.

Les Membres du Consistoire central des Israélites de France :

MM. AD. FRANCK, de l'Institut, vice-président; ISIDOR, grand rabbin; ANSPACH, conseiller à la Cour de cassation; ALCAN, ingénieur, professeur au Conservatoire des Arts-et-Métiers; ATTIAS; BÉDARRIDES, avocat général à la Cour de cassation; J. COHEN, rédacteur de la *Presse*; Albert COHN; Léopold JAVAL, député de l'Yonne; Bᵒⁿ Alphonse de ROTHSCHILD; Dʳ Germain SÉE, professeur, membre de la Faculté de Médecine de Paris; J. LÉVY, secrétaire.

Paris, le 30 juillet 1871.

DÉCLARATION *des autorités musulmanes, relative à la naturalisation des Israélites indigènes en Algérie.*

Louange à Dieu! Il est unique!

Constantine, le 20 juin 1871.

Le Consistoire israélite de Constantine ayant demandé aux notables parmi la population musulmane de cette ville de vouloir bien lui faire connaître franchement quelle est leur opinion sur le Décret qui a eu pour effet la naturalisation des Israélites de l'Algérie, et ce qu'ils en pensent; si ce Décret a excité la colère et l'animosité dans les cœurs des Musulmans, ou non,

Nous, soussignés, avons déclaré que cette mesure n'a froissé personne et n'a excité les colères de personne, parce qu'elle est rationnelle. Au contraire, tous les gens bien sensés l'apprécient et l'approuvent, alors surtout que la porte est ouverte à tous les Arabes qui désirent eux-mêmes se faire naturaliser.

En foi de quoi nous avons apposé ci-dessous nos signatures.

PÉTITION *adressée à M. Thiers, chef du Pouvoir exécutif de la République française, par des négociants et manufacturiers de la Seine-Inférieure.*

ANNEXE N° 2

Monsieur,

Il est question, en ce moment, d'abroger le Décret du 24 octobre 1870, portant naturalisation des Israélites indigènes de l'Algérie.

Les soussignés, qui, depuis de longues années, ont avec les Israélites algériens des relations leur permettant de constater leur attachement à la métropole et d'apprécier chez eux une initiative sérieuse pour le développement des affaires, ne sauraient trop insister auprès de vous et de l'Assemblée nationale pour que le Décret soit maintenu et que les Israélites algériens restent Français, comme c'est leur ardent désir.

Les soussignés connaissent de longue date les Israélites algériens, qui apportent à nos industries du Nord-Ouest un aliment des plus féconds, et leur ont toujours paru être dans des conditions qui ne permettent guère de contester la légitimité de leurs droits à la naturalisation.

Ils insistent donc vivement pour que ceux qui, dans nos colonies, ont intelligemment représenté les intérêts français, ont toujours témoigné un vif et sincère attachement à leur patrie d'adoption, ne soient pas dépossédés du titre de Français qu'ils ont gagné par leur résidence, leurs travaux, leurs relations, leur concours à la prospérité nationale, et dont ils doivent paraître d'autant plus dignes qu'ils le recherchent plus ardemment.

Ils ont l'honneur d'être avec le plus profond respect, etc.

DÉPÊCHE *du 14 décembre 1871 du Consistoire central au Gouverneur général de l'Algérie, au sujet de la naturalisation des Israélites de l'Algérie.*

14 décembre 1871.

Monsieur l'amiral DE GUEYDON,
Gouverneur général de l'Algérie.

Dans l'audience que vous nous avez fait l'honneur de nous accorder à Versailles le 29 septembre dernier, vous avez bien voulu accueillir avec le plus vif intérêt les observations que nous vous avons présentées sur la situation des Israélites algériens, auxquels un projet de loi tendait à enlever la qualité de citoyens français que leur a conférée le Décret du 24 octobre 1870. Vous avez bien voulu nous manifester les dispositions les plus bienveillantes à l'égard de cette population, pour laquelle nous avons sollicité l'émancipation collective dès l'année 1869, sur les vives instances que nous avaient adressées les Consistoires et les autorités locales de l'Algérie. Nous espérons, Monsieur le Gouverneur général, vous avoir fait partager notre conviction sur l'impérieuse nécessité de maintenir les garanties de la nationalité française aux Israélites algériens, dont les pouvoirs civils, politiques et administratifs sont abolis par l'Ordonnance du 9 novembre 1845. Le temps même qui s'est écoulé depuis le Décret du 24 octobre 1870, en constituant dans les familles israélites de l'Algérie des droits nouveaux et des faits définitivement accomplis qui ne pourraient être modifiés sans un trouble profond et irrémédiable, a dû apporter un nouvel argument en faveur de leur cause.

C'est dans ces vues que, par votre influence dans ces sentiments d'équité auxquels nous sommes heureux de rendre hommage, le Gouvernement a rendu récemment, à l'occasion des élections qui viennent d'avoir lieu pour les Conseils généraux et pour les Conseils municipaux de la colonie, un Décret réglant les conditions de l'indigénat d'après les principes du droit civil français. Nous sommes portés à penser que l'autorité n'a pas lieu maintenant de regretter d'avoir pris cette résolution, car, d'après les renseignements qui nous sont fournis par les Consistoires algériens, nous savons que la grande majorité des électeurs israélites s'est montrée, dans cette circonstance, amie de l'ordre et du progrès, et nous avons lieu d'espérer qu'ils s'efforceront de montrer de plus en plus qu'ils sont dignes de la bienveillance que, sous votre inspiration, le gouvernement de l'Algérie leur a témoignée en toute circonstance.

Au moment où l'Assemblée nationale va statuer sur la question de la naturalisation des Israélites algériens, nous sommes persuadés, Monsieur le Gouverneur général, que si vous êtes appelé à exprimer votre opinion sur cette grave question, vous recommanderez au Gouvernement la seule mesure qui puisse donner à la population israélite de l'Algérie une organisation sociale digne des principes d'égalité civile et de liberté religieuse qui sont la base de notre droit public et l'honneur de notre patrie.

Nous venons donc avec confiance solliciter de nouveau votre sympathie en faveur d'une cause qui est pour nous celle de la civilisation et de la justice.

Nos Consistoires algériens sont résolus, comme nous le sommes nous-mêmes, à déployer tout leur zèle pour inspirer à la population israélite de notre grande colonie la reconnaissance et le patriotisme par lesquels elle doit répondre aux bienfaits de la nation qui l'adopte. Nous connaissons assez son intelligence et son dévouement pour être certains qu'elle ne trompera pas notre attente ni celle du Gouvernement.

TABLE CHRONOLOGIQUE
DES MATIÈRES

LOIS, DÉCRETS, ORDONNANCES, ETC.

APPENDICE

Bordeaux. — Impr. générale d'Émile CRUGY, rue et hôtel Saint-Siméon, 16.

www.ingramcontent.com/pod-product-compliance
Lightning Source LLC
Chambersburg PA
CBHW060537210326
41519CB00014B/3245